一看就懂

古蹟建築

The Illustrated Encyclopedia Of

Cultural Heritage 新裝珍藏版

目錄

Contents

6 認識碑碣⋯98

7 認識城郭關塞⋯110

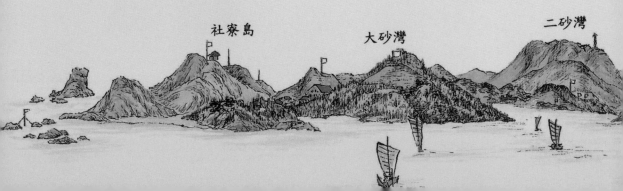

社寮島　　　大砂灣　　　二砂灣

基隆港　　獅球嶺　　大武崙

大溪李騰芳古宅

認識古蹟

記錄文明歷程的古蹟

古蹟是人類生活所遺存的文化遺跡，其內含的歷史背景、人文風俗、建築式樣等，代表過去歷史某一個時代的精神與價值。

古蹟的定義

根據文化部文資局〈文化資產保護法〉，我們傳統觀念裏的古蹟應該包括古蹟、歷史建築及聚落，是指人類為生活需要所營建之具有歷史、文化價值之建造物及附屬設施群。

台灣古蹟的分類

根據〈文化資產保存法〉，台灣的古蹟可分為主管機關是文化部的國定古蹟、主管機關是直轄市政府的直轄市定古蹟、主管機關是縣市政府的縣市定古蹟三種。原來的國定二、三級古蹟都移交給直轄市政府或縣市政府管理。

橋樑類縣定古蹟—魚藤坪斷橋。

碑碣類縣定古蹟—虎字碑。

車站類縣定古蹟—保安車站。

古蹟、歷史建築

古蹟及歷史建築，為年代長久且其重要部分仍完整之建造物及附屬設施群，包括祠堂、寺廟、宅第、城郭、關塞、衙署、車站、書院、碑碣、教堂、牌坊、墓葬、堤閘、燈塔、橋樑及產業設施等。

聚落

聚落為具有歷史風貌或地域特色之建造物及附屬設施群，包括原住民部落、荷西時期街區、漢人街庄、清末洋人居留地、日治時期移民村、近代宿舍及眷村等。

古蹟評定的準則

- 具歷史、文化、藝術價值。
- 時代之遠近。
- 重要歷史事件或人物之關係。
- 表現各時代之特色、技術、流派或地方特色。
- 數量之多寡。
- 保存之情況。
- 規模之大小。
- 附近之環境。
- 其他有關事項。

宅第類國定古蹟—大溪李騰芳古宅。

宅第類歷史建築—大溪鎮和平路永發。

歷史建築—鵝鑾鼻燈塔。

聚落類古蹟—望安花宅聚落。

不用釘子的漢式建築

台灣的古蹟建築以漢式建築為主，漢式建築的一個特色就是以木材為主要建材，在建築上不依賴釘子，以榫卯連接木造結構，所以台灣的古蹟建築，在屋頂、屋簷、樑柱的構件上會有許多讓人驚艷的地方。

▌以木構為支撐的漢式建築。

柱

木構屋架的垂直構件，支撐屋子的主要結構。支撐廊簷的柱子叫簷柱，支撐大殿的柱子叫金柱，位於樑與桁上不接地的短柱子為「瓜柱」，下有雕為瓜狀的「瓜筒」。

通樑

木構屋架水平構件裏跟屋子進深同方向的木架。

壽樑

木構屋架水平構件裡跟面濶平行的木架。又稱為「枋」、「楣」、「桁」及「檁子」。屋頂中間最高的那根壽樑叫「棟」或是「脊檁」。

柱珠

木架構的柱子為避免直接接觸地面水氣，在柱子下方會以類似矮凳子的石座墊底收頭，稱為「柱珠」、「柱礎」或者「柱櫍」。

吊筒

懸在樑下面的短柱，可以將屋頂的重量傳遞到柱子。吊筒常雕成蓮花、白菜或懸吊的花籃，所以又稱為「垂花」或「花籃」。

▌吊筒。

斗栱

木構屋架上水平構件與垂直構件接合的物件，可以在樑與柱之間轉承重力，並作為裝飾，斗是在栱上方承接樑木的立體構件，栱是斗下方銜接斗與柱子的水平構件，兩者以榫頭交疊搭接來承接屋頂重量。

束木

連接瓜柱與瓜柱之間的水平構件，通常是彎月的雕刻木構。

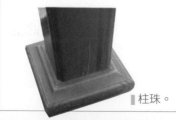

▌柱珠。

雀替

斗

栱

員光

束隨

也稱為花板，是在束木下方連接瓜柱與瓜柱之間的水平構件，有裝飾作用同時橫向牽制兩瓜柱的雕刻木構。在束隨下方類似功能的花板稱看隨。

員光

通樑下方的長形雕花木板，可以支撐通梁不會變形。

雀替

在樑與柱交點下方的L型木構件，以直角支持樑與柱接點的穩定性，也有裝飾功能，又稱「插角」或「托木」。

藻井

用屋頂下方的斗栱組合，形成如蜘蛛網般軸心往外、向下的輻射狀建築結構，俗稱「結網」，中心點叫「網心」。藻井的型式有八卦形、圓形、橢圓形、方形、六角形或內圓外八卦型、內八卦外圓型等。

宛若美女的壁堵裝飾

漢式建築牆面壁堵的裝飾包括水車堵、頂堵、身堵、腰堵、裙堵及櫃檯腳。門面的裝飾屏堵分為頂堵、身堵、腰堵、裙堵。壁堵與屏堵的結構比例好像一位美女的身形，十分勻稱。

漢式建築的屏堵。

頂堵

牆面壁堵在水車堵下面，身堵上面類似人身頭部位置的裝飾，通常為橫向狹窄的方形格局。

身堵

牆面身堵在頂堵下面，腰堵的上面類似人胸部位置的裝飾，通常為較大面積的方形格局。

屏堵

頭部	頂堵
上身	身堵
腰部	
裙子	腰堵
	裙堵

腰堵

牆面壁堵在身堵下面，裙堵上面類似人身腰部位置的裝飾，通常為類似頂堵橫向狹窄的方形格局。

裙堵

牆面壁堵在腰堵下面，櫃檯腳上面類似人下半身位置的裝飾，通常為較大面積的方形格局。

水車堵

水車堵是屋身牆面最上方的裝飾區塊，一般會沿著屋身上緣平行延伸接到山牆。水車堵是延續長條形的裝飾空間，裝飾作品以泥塑、剪黏、交趾陶為主。

櫃檯腳

櫃檯腳是牆身的收頭，在屋身牆面最下方的裝飾區塊，因為早期常雕成矮櫃狀，所以稱「櫃檯腳」。在台灣傳統建築中，櫃檯腳經常是雕刻吉祥圖案的石雕作品。

壁堵

水車堵

頂堵　頭部

身堵　上身
　　　腰部

腰堵　裙子

裙堵

櫃檯腳

美麗的屋脊

山牆

山牆

山牆是建築物的側牆，漢式建築的側牆多半成如山形的尖錐狀，因此稱山牆。

鳥踏

漢式建築的山牆上用磚砌成的凹凸裝飾線，乍看像似鳥兒可以停歇的地方。

馬背

漢式建築的山牆頂端上凸起的造型叫馬背，馬背是連接屋子的正脊與垂脊的地方，金木水火土的各種造型曲線使屋頂更加美觀而富有變化。

鳥踏

金型馬背—馬背呈緩坡的圓弧形。

垂脊

漢式建築屋坡兩側垂下的屋脊，也是山牆的兩側。

正脊

漢式建築主樑上方頂端的屋脊。

▌木型馬背—馬背呈窄長的圓弧形。

▌火型馬背—馬背是內彎的銳角形狀。

▌水型馬背—馬背呈波浪型。

▌土型馬背—馬背是直線形狀。

西施脊

正脊上方多加的一道脊帶，並用剪黏裝飾，使建築顯得高貴華麗。

燕尾

漢式廟宇或官宦宅第建築的屋頂正脊尾端常會突出上揚，形狀有如燕子的尾巴的裝飾稱為燕尾，是一種尊貴建築的象徵。

多變的屋簷

台灣的漢式建築屋簷隨著屋頂的結構有許多變化，主要的屋頂型式有歇山式、硬山式、歇山重簷式、歇山假四垂式、捲棚式屋頂、攢尖頂六種。

台南孔廟大殿的歇山重簷式屋頂。

歇山假四垂與歇山重簷式的差異

歇山假四垂與歇山重簷都是兩層式重疊的屋頂。最主要的差別是歇山假四垂的一層建築側面是平面硬山式的山牆，而歇山重簷的一層建築側面是歇山式的屋簷。

歇山假四垂

兩種不同形式的屋頂上下重疊，上層為歇山式，下層為硬山式。

歇山重簷式

兩層歇山式上下重疊的屋頂形式。

硬山式

屋頂前後有屋瓦斜坡，兩側為山牆的形式。

歇山式

四面有屋瓦斜坡的屋頂，前後為完整的屋瓦斜坡，左右兩側只有部分屋瓦斜坡。

捲棚式屋頂

屋頂不做中脊桁，而以雙脊桁的木構建築，多用於迴廊或拜殿。

攢尖頂

屋頂的斜坡集中於中心高點，稱為攢尖頂。

台北大龍峒保安宮

認識寺廟

台灣寺廟建築的格局

台灣的寺廟、書院建築多數是傳承自大陸閩南及粵東的風格，主要格局有單殿式、單殿帶護龍三合院式、兩殿四合院式、三殿式及多殿並聯式。

山門

過去的寺廟多在山間，因此廟正面入口的門樓稱為山門。

廟埕

寺廟前方的空地稱為廟埕，是早期民間主要的集會活動場所。

三川殿

寺廟、祠堂的前殿，開有三個門，稱為三川殿或三穿殿，有人潮川流不息之意。

拜殿

拜殿是正殿前方的附屬建築，為正殿祭祀空間的延伸。

台南南鯤鯓代天府山門。

正殿

正殿在寺廟建築裏是祭祀主神的大殿，在書院建築裏則是講堂的位置。

台南大天后宮拜殿與正殿。

台北保安宮三川殿。

後殿

正殿

護龍

護龍

拜殿

三川殿

廟埕

山門

一般的寺廟及書院建築主要構成包括山門、廟埕、三川殿、拜殿、正殿、後殿、護龍等建築。

鹿港龍山寺
示意圖

認識寺廟

後殿

在寺廟正殿後方平行的建築為後殿，多半是供奉陪祀的神明。在書院建築裏則是山長的起居室。

護龍

在寺廟、書院建築正殿或宅第正廳左右邊的廂房稱之為護龍，寺廟的護龍多半是供奉陪祀的神明；書院的護龍則是學生的宿舍。

左青龍右白虎的「龍虎堵」

台灣傳統廟宇的正殿或拜殿大門兩側牆面是「龍虎堵」，以面向外方向的「左青龍右白虎」做為裝飾題材，產生對襯的效果，有時也雕刻許多象徵吉祥的圖案。龍邊是進入廟宇的方向、虎邊是出廟的方向，也有入廟祈求吉祥，出了虎口就能消災的意思。

虎堵。

龍堵。

面對山的媽祖廟——宜蘭昭應宮

初建於清嘉慶十三年（1808），原本是向東面海的方位。清道光十年（1830）地方官以風水因素發起重建，改為座東朝西，是台灣現存少數面山的媽祖廟。

三進二院的寺廟建築

昭應宮為三進二院的寺廟建築，包括三川殿、正殿及後殿三個主建築，前庭、後庭兩個主空間。其中後殿由於抗戰期間被盟軍飛機炸毀，事後重建成鋼筋水泥土的二樓建築，已非原來古蹟風貌。

三川殿

昭應宮的前殿—三川殿，是三開間格局，從正面看過去，由兩側往中央依次有三個主要佈局：最外面兩側是左青龍、右白虎的雕刻墙面；再往內是兩支道光年間的對襯龍柱，龍柱刻有蝙蝠陪襯別具特色；在中央的廟門旁則有一對石獅子，公獅踩球、母獅抱子，護佑廟門。

昭應宮美麗的三川殿。

漳州派木雕

昭應宮的木雕是清朝漳州派的經典藝術，無論是懸吊在屋樑下的花籃式吊筒、象徵鯉魚躍龍門的門簪以及刻有螭虎和蝙蝠的門扇，都展現了精緻的作工及豐富的色彩，其藝術成就，在北台灣的廟宇中首屈一指。

三川殿

龍柱

昭應宮供奉的三大老神像

昭應宮主殿一樓供奉媽祖，後殿一樓供奉觀世音菩薩，二樓供奉水仙尊王以及宜蘭人稱三大老的楊廷理、翟淦、陳蒸。三大老是清朝開發時先後任的宜蘭地方官，三人皆以廉節、勤勉為宜蘭人所感念，因此昭應宮供奉三人神位。

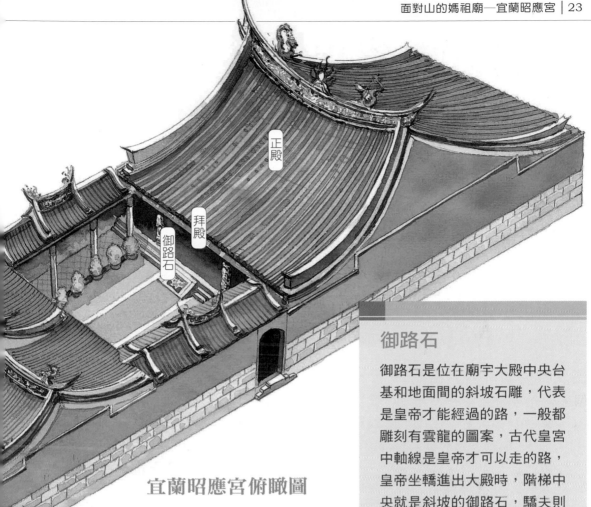

宜蘭昭應宮俯瞰圖

御路石

御路石是位在廟宇大殿中央台基和地面間的斜坡石雕,代表是皇帝才能經過的路,一般都雕刻有雲龍的圖案,古代皇宮中軸線是皇帝才可以走的路,皇帝坐轎進出大殿時,階梯中央就是斜坡的御路石,轎夫則由兩側台階行進。

正殿

昭應宮正殿從正面看過去,有三個特色:拜殿中央正前方是一塊四足雲龍石刻的御路石;拜殿兩側有跟三川殿相仿的一對龍柱;在正殿上方有兩塊清朝皇帝御筆欽賜的牌匾—道光的「澤覃海宇」匾與光緒的「與天同功」匾。

▌昭應宮的正殿神明。

四落八殿的北港朝天宮

北港朝天宮於清康熙三十三年（1694）分靈自湄洲祖廟「朝天閣」，初建之時僅是一座小祠堂，歷經雍正、乾隆和道光間三次增建，到咸豐初年完成為現今四進的建築面貌，後來清光緒三十一年（1905）年因為地震重建。朝天宮是中國傳統四落、八殿、一埕、七院的建築，規模宏偉、建築華麗。

歇山假四垂三川殿

朝天宮三川殿屋頂是歇山假四垂的設計，兩側龍虎門的屋頂有華麗的藻井，斗栱精雕兩支象徵三元及第的螃蟹，拱頂還有八仙雕刻，木工雕刻精緻、接榫完美，是少見的完美木質建築作品。

層次有序的拜殿與正殿

朝天宮正殿供奉的是七座不同的媽祖神像，拜殿前有清咸豐年間的八角蟠龍石柱，正殿是閣樓建築，略高於拜殿，前後層次有序。

鎮守廟埕的海龍王石雕

朝天宮廟埕有四尊海龍王石雕像，儼然鎮守四周的守護神。石牆外側有兩對石獅，大的一對為近代新雕作品，小的一對是清咸豐二年的石雕，體態輕巧，線條細膩。

後殿聖父母殿

觀世音菩薩殿

文昌殿

▌東海龍王石雕像。

▌南海龍王石雕像。

▌西海龍王石雕像。

▌北海龍王石雕像。

朝天宮供奉眾多神像

正殿供奉媽祖，觀音殿主祀觀音菩薩，三界公殿供奉天官（堯帝）、地官（舜帝）、水官（禹帝）三官大帝，文昌殿供奉文昌帝君，聖父母殿則供奉媽祖之父母和其兄姊，其他還有註生娘娘、土地公、境主公和三寶佛。

▌北港朝天宮的三川殿。

正殿
鐘樓
拜殿
三川殿
龍邊
鼓樓
虎邊

北港朝天宮俯瞰圖

最早官方媽祖廟—台南大天后宮

清康熙二十二年（1683）施琅率兵攻台，鄭克塽投降後，施琅將明寧靖王朱術桂官邸乃改建為天妃宮，清廷並加封媽祖為「天后」，廟稱為「大天后宮」，並派禮部官員主祭，是台灣最早的官方媽姐廟。目前是國定古蹟。

國寶級大師彩繪的三川殿

大天后宮三川殿的特色是石刻及彩繪，在三川殿口有螭虎堵、抱鼓石、印斗石門枕及柱珠等石刻，還有國寶級大師所繪的民間故事彩繪圖案，作品精細古典。

供奉的神像

台南大天后宮的正殿供奉媽祖、四海龍王，水仙尊王。聖父母殿則供奉媽祖之父母和其兄姊、五文昌君以及明寧靖王朱術桂。旁廂供奉註生娘娘、臨水夫人、月老和土地公。後殿與正殿之間供奉三官大帝，觀音殿供奉觀音菩薩，三寶殿供奉三世佛。

歷代皇帝御筆題匾

台南大天后宮樑簷上懸滿了清朝歷代皇帝御筆親題的匾額。包括有康熙「輝煌海滋」、雍正「神昭海表」、乾隆「佑濟昭靈」、嘉慶「海國安瀾」、道光「恬波宣惠」、咸豐「德侔厚載」、光緒「與天同功」等，見證了台南大天后宮的歷史價值。台灣光復後，嚴家淦總統頒贈「海國慈航」匾額、李登輝總統頒贈「海慶安瀾」匾額，也有其時代特色。

抱鼓石

三川殿正門前有抱鼓石（螺鼓），有迎福辟邪之意義。鼓面雕刻螺絞圖案，周圍裝飾許多象徵吉祥動植物花紋，是出色的石雕作品。

▌台南大天后宮抱鼓石。

三寶殿

三川殿

認識寺廟

拜殿有四塊歷史價值的石碑

大天后宮拜殿裏有四塊具有歷史意義的石碑，分別是清康熙二十四年平台紀略碑記、清康熙三十二年靖海將軍施公功德碑記、清乾隆四十三年重修天后宮碑記、清道光十年重興大天后宮碑記。

▌清康熙二十四年平台紀略碑記。

原明靖寧王府木構建築的正殿

正殿供奉最大尊的媽祖像—鎮殿媽，兩旁伺立千里眼及順風耳。大天后宮原為明靖寧王府邸，是中國傳統木架構式，不靠釘子以木架的建築力學，透過樑桁的互相支撐建成堅固的宮殿式建築，正殿各種木雕作品精細華麗。

觀音殿

正殿

拜殿

三官大帝殿

後殿

台南大天后宮俯瞰圖

▌台南大天后宮樑簷上懸滿了清朝歷代皇帝御筆親題的匾額。

全台最早媽祖廟——澎湖天后宮

澎湖天后宮是全台最早的媽祖廟，目前為國定古蹟。明萬曆三十二年（1604），荷蘭人進佔澎湖，明朝派沈有容將軍打敗荷人，立石碑「沈有容諭退紅毛番韋麻郎等」。這座碑後來被發現埋在澎湖天后宮下。清康熙二十二年（1683），福建水師提督施琅打敗明鄭後，清廷派禮部郎中雅虎到澎湖天后宮致祭媽祖。日治大正十一年（1922）潮州大木師藍木負責重建，將天后宮改建成如今的風貌。

背山面水逐級升高的澎湖天后宮

澎湖天后宮在港口的附近，為閩南合院式的三殿式建築，坐北朝南面向港口，依著背後的小山丘向上斜立，背山面水逐級而上。前後分成廟埕、前殿、正殿與後殿四個部分。

過海壓艙石舖成的廟埕

廟埕正前方有照壁，地面是早期「壓艙石」舖成的石板，經過多年歲月磨礪，光潤平滑。廟埕內面建有多角形的大石階，由此踏階而上前殿。

明萬曆三十二年「沈有容諭退紅毛番韋麻郎等」石碑。

正殿充滿粵東風格的梭柱

正殿比前殿寬大，為五間格局，中龕供奉主神媽祖，左右並祀千里眼與順風耳。拜殿與正殿相連一體，因為澎湖風大，平常拜殿正面以高大的格扇門封起來，正殿裏的梭柱充滿粵東風格。柱子上書刻有對聯的書法。

後殿為文人雅士的集會所

後殿寬五間，又稱清風閣，也稱公善樓，除存放「沈有容諭退紅毛番韋麻郎等」古碑和一些文物外，平時為文人雅士的集會所。

蟾虎石窗的護龍山牆

在三川殿兩旁是依著中軸線對稱平行建立的護龍，左右護龍的山牆窗為蟾虎石窗，護龍廊道間有精美的石柱和柱珠。

玄武岩石柱支撐三川殿廊簷

三川殿為三開間，殿兩側與護龍相接，屋脊是大弧度燕尾的造型，殿前不像其他媽祖廟建有龍柱，支撐的柱子是澎湖本地的玄武岩雕刻，風格樸實。前殿與左右護室直接相通，沒有過水亭緩衝。

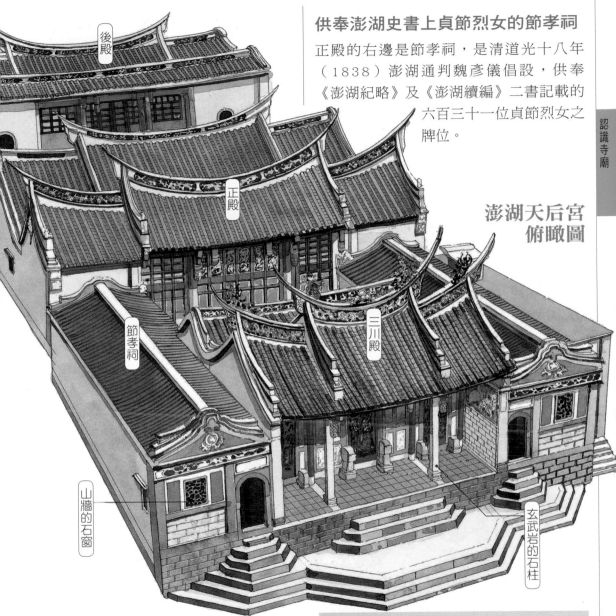

供奉澎湖史書上貞節烈女的節孝祠

正殿的右邊是節孝祠，是清道光十八年（1838）澎湖通判魏彥儀倡設，供奉《澎湖紀略》及《澎湖續編》二書記載的六百三十一位貞節烈女之牌位。

認識寺廟

**澎湖天后宮
俯瞰圖**

後殿

正殿

節孝祠

三川殿

山牆的石窗

玄武岩的石柱

金箔粉畫在黑漆上的擂金畫

正殿神龕左右及上面的木板裝飾有擂金畫，這是種把金箔粉畫在未乾燥黑漆上的傳統工藝，是來自粵東的幾位著名彩畫大家的傑作。

▌日治時代的澎湖天后宮。

台南孔廟

認識書院

台灣的漢式書院建築

台灣的第一所書院，是清康熙二十二年（1683）靖海侯施琅所建的西定坊書院，現今已不存在。從康熙到光緒年間，清朝各代許多台灣的官紳致力於教育建設，先後在台灣建立了62所書院，目前被保留為國定古蹟的漢式建築書院僅有彰化道東書院。大部分現存的古書院多已經結合祭祀功能，成為文昌祠或孔廟。

融合讀書與生活的建築特色

由於漢式建築的書院具有教育、藏書、出版、師生起居及祭祀等多項功能，因此書院的建築也具備多元的特色，台灣的古書院建築以合院為主要型式，建築一般左右對襯，建築物包括前廳、講堂、藏書室、老師起居室、學舍、行政房、敬字亭等。

門廳

有的書院在講堂前方，第一進的位置有門廳，門廳兩側有對聯，描繪出書院的精神，門廳門楣的上方，懸掛著書院的門匾。

學舍

書院兩邊的廂房是學舍，供學生住校生活起居。

後殿或耳房

三進式書院一般後殿是山長（院長）的起居室，二進式的書房院長起居室在設在講堂旁邊的耳房，山長多半住在書院裏督導學生讀書。

傳統書院的格局（道東書院模型圖）

講堂

台灣一般的書院為二進或三進式建築，一般三進式的的中殿或二進式的大殿是講堂，講堂是主要教學空間，有時兼具祭祀的功能。

敬字亭（惜字亭）

敬字亭又稱為惜字亭，是書院建築獨有的特色，一般在設置前廳正殿外的前埕，外觀貌似香爐，但是作為焚燒公文及殘書之用，因為對文字的尊重，焚毀的字紙灰要灑向江海的方向。

■ 明新書院的惜字亭。

講堂

耳房

學舍

書院的建築藝術

台灣的書院的藝術成就主要表現在彩繪上，一般書院都會在牆柱上彩繪花草、鳥獸及人物故事等精美圖案，顏色鮮豔，構圖生動精緻。

燕尾屋頂

台灣一般書院建築多半由傳統的燕尾屋頂，在屋頂正脊兩端往上翹成燕尾分叉的形狀，燕尾過去只用在廟宇或官宦之家，可見書院在過去民間也有相當地位價值。

■ 台南赤崁樓的蓬壺書院。

認識書院

台灣書院的神明

台灣的書院除了教育功能外，祭祀也是一個重要的功能。因為教育是書院的主要目標，所以書院祭祀的也都是與教育有關的神明，一般書院供奉的神明有孔子、明理學大家朱熹、五文昌君、造字聖人倉頡等。

孔子

台灣的許多書院都奉祀「至聖先師」孔子，因為孔子是最早因材施教的教育家，也是書院教學的先行者。目前有一些書院如馬公文石書院、屏東的屏東書院已經成為當地的孔廟。

朱熹

福建人，宋理學大家，建立白鹿洞書院，是中國早期書院的代表人物，精通儒、道、佛三家思想，自創理學。把論語、孟子、中庸、大學集結注解成《四書章句集注》，影響後代科舉考試至為深遠。

倉頡

傳說是上古皇帝時的史官，他仰觀天象、察看萬物，造出象形文字，是中國字的創造者。後人稱之為「造字聖人」。

五文昌帝君

五文昌帝君包括梓潼帝君、孚佑帝君、文衡聖帝、朱衣神君及魁斗星君。在民間五文昌帝君是讀書人祈求功名的神。

梓潼帝君

唐朝人張亞子，曾居住在四川梓潼縣，因為對五代十國的後蜀教育有偉大貢獻，死後被尊為梓潼帝君，一般廟宇所奉祀的文昌帝君就是梓潼帝君。

孚佑帝君

就是傳說中八仙之一的呂洞賓，又名純陽子，是道教的重要人物。傳說呂洞賓自幼天資聰穎，記憶超人，讀書過目不忘，所以後人把他列為文昌君之一。

朱熹。

倉頡。

孚佑帝君呂洞賓。

文衡聖帝關羽。

文昌帝君（梓潼帝君）。

魁斗星君。

文昌帝君（朱衣神君）。

文衡聖帝

就是關羽，三國時蜀國大將關雲長，俗稱關公。允文允武，傳說他非常喜歡讀春秋左傳，能背誦如流，後代儒家尊其稱為關西夫子或文衡帝君

朱衣神君

據說歐陽修主持科舉考試時，常感覺到有一個穿紅衣服的人在他後面，這個人所點頭的文章，都是當時出類拔萃的奇文，所以歐陽修就說：「文章自古無憑據，惟願朱衣暗點頭。」後代就把這個朱衣神君，當作主管考試的神明。

魁斗星君

又稱魁星爺。北斗七星前四星為魁，後四星為斗。魁有第一名的意思，考試讀書人都希望成為魁首，所以祭拜魁斗星君。傳說中的魁斗星君並無特定的人，但相貌其醜無比，也有人不可貌相的含義。

孔子。

書院的文化祭典

台灣的古代書院具有教育及祭祀的雙重功能，自古書院流傳了一些文化祭典，藉以持續發揚尊崇教育的精神。目前台灣的書院保留下來的文化祭典主要有祭孔、春祭、秋祭與送字紙儀式。

祭孔

祭祀孔子的典禮，稱為釋奠禮。在祭孔典禮中，要陳設音樂、舞蹈，並呈獻牲酒等品，來表達對孔子的崇敬。在周朝時的學校就開始每年四季要釋奠於已過世的老師，以示尊師重道。漢明帝開始朝廷主導各地方學校舉行祭孔典禮，祭孔就成為全中國的重要文化活動。到了隋朝，孔子被尊稱為先師，釋奠禮便成為祭孔典禮的專用名詞。

春祭與秋祭

自漢朝起，每年農曆二月、八月上旬的丁日，政府官員、舉人秀才、書院師生都會聚集在孔廟祭孔，稱之為丁祭。舊時的台灣書院也會在春秋二季舉行祭典，祭拜該書院供奉的神明。目前仍保留春祭與秋祭傳統的書院以登瀛書院及藍田書院較具有代表性。

▌祭祀大典。

位於永昌國小內的明新書院是集集每年祭孔的地方。

藍田書院

每年的農曆二月初三日舉行文昌梓潼帝君聖誕的春祭大典，有時在春祭大典當日也舉辦吟唱祝詩、燈謎猜答的活動。過去藍田書院每年的農曆九月十五日舉行紫陽朱夫子聖誕日的秋祭大典。但是民國五十年起改於國曆九月廿八日舉行祭孔大典。

登瀛書院

每年的農曆一月三十日舉行慶賀文昌帝君聖誕的春祭大典，同時舉行學士燈、功名燈開燈儀式，希望文昌帝君保佑考生考試順利。登瀛書院每年農曆八月十八日舉行秋祭大典，除了古禮祭典外近年還以各種詩詞吟唱、徵文比賽來歡度秋祭大典。

祭孔釋奠禮的佾生、樂生、禮生與獻官。

認識書院

祭孔釋奠典禮程序

1. 祭孔釋奠典禮開始。
2. 鼓初嚴、再嚴、三嚴，陪祭官、各獻官預備。
3. 禮生就位、糾儀官就位、陪祭官就位、分獻官就位、正獻官就位。
4. 啟扉，開啟櫺星門、大成門。
5. 瘞毛血，將太牢之血埋於土中。
6. 迎神由禮生四人提雙燈、雙爐做前導，另由禮生六人持雙斧、雙鉞、扇、纛隨行。在後，排列成東西兩行，依序走出大成，迎接孔子神靈降臨。
7. 行三鞠躬禮，古制為三跪九叩，現行儀節改為三鞠躬禮。
8. 進饌，呈獻祭品。
9. 上香。
10. 行初獻禮，正獻官至孔子神位前獻帛、獻爵。
11. 行初分獻禮，分獻官各隨引贊詣大成殿東西配、東西哲、東西廡先儒先賢神位前行初分獻禮。
12. 恭讀祝文。
13. 行三鞠躬禮。
14. 行亞獻禮。
15. 行亞分獻禮。
16. 行終獻禮。
17. 行終分獻禮。
18. 上香。
19. 恭讀祝文。
20. 全體行三鞠躬禮。
21. 奉祀官上香。
22. 飲福受胙。
23. 撤饌。
24. 送神
25. 行三鞠躬禮。
26. 捧祝帛詣燎所。
27. 望燎。
28. 復位。
29. 闔扉─關閉櫺星門及大成門。
30. 撤班。
31. 禮成。

客家民俗送字紙活動

送字紙活動是由地方上讀書人、士紳領導居民以鼓吹樂隊、儀仗隊，奉持文昌帝君神像及制字先師倉頡的牌位，將敬字亭的字紙灰（又稱聖蹟）恭送到海邊、河邊去放流，是早期社會敬文重字、崇尚文風的習俗。送字紙活動舉行的時間、儀式各地不同。有每十二年舉行一次、每三年舉行一次及每年舉行一次。農曆正月初九玉皇大帝聖誕、正月十五日、二月初三文昌帝君誕辰及三月二十八日倉頡聖誕為常見的送字紙活動日期。目前台灣保留送字紙活動的地方有美濃、六龜、彰化竹塘與桃園龍潭。

美濃廣善堂送字紙活動。

美濃廣善堂恭迎聖蹟活動

美濃廣善堂的聖蹟會在每年農曆正月初九會舉辦的迎聖蹟活動，這個活動已經有百年以上的歷史。活動當天一早來自美濃各地的老輩會聚集在廣善堂前，活動由主祭者的帶領鄉民，向神明報告字紙祭即將開始，然後就率領鄉民將各地敬字亭及廣善堂一年來收集到的字紙灰，以鑼鼓八音樂團開道，遊行到美濃河畔，舉行河伯水官安座儀式、上香、誦經，然後將字紙灰倒入河中，接著有送神、放生儀式，並祈求來年水利充沛，農作豐收。

環保送字紙

過去迎聖蹟活動的字紙灰是倒入河流中，但是現代人環保意識抬頭，認為字紙灰是倒入河流中是製造污染，因此先在舉行的迎聖蹟活動，只會象徵性把字紙灰到在河畔的低漥處。

變成蝴蝶的字紙

在聖蹟亭常見過化存神的題字，就是相信字紙的精神力量，先民敬重讀書人，也尊敬文字紙張的地位，認為字紙被火化之後會昇華，變成一隻美麗的蝴蝶，飛回天上跟倉頡致意。這個觀念闡述了先民敬重文字的現象。

認識書院

早期人們不會把用過的字紙亂丟，會有拾字紙的人沿街收取，再統一匯集到敬字亭火化。

美濃廣善堂的送字紙遊行隊伍。

過化存神的龍潭聖蹟亭

台灣的客家人有敬天惜字的理念，書寫文字的殘書廢紙不能隨便丟棄，要集中焚化，所以建造敬字亭做為焚燒字紙的爐子。客家人相信敬字亭焚燒的字紙會化為蝴蝶，留存下美麗的神韻。

台灣現存最大的敬字亭

龍潭聖蹟亭是目前台灣留存下來最大的一座敬字亭，建於清光緒元年（1875），是當地一位監生古象賢發起建立的。在日治大正十四年（1925）年曾經重修。龍潭聖蹟亭是中軸對稱的格局，有外門、頭門、中門、亭身等建築。從頭門依著中軸線依序進入中門及亭身，地面逐漸升高，塑造了聖蹟亭步步高升的空間層次感。龍潭聖蹟亭是客家文化重視教育及文字精神的代表，也見證過去龍潭地區的鼎盛文風。

雲牆
祭台
中門
文昌石筆
頭門
外門

龍潭聖蹟亭俯瞰圖

▌空間步步高升的龍潭聖蹟亭。

第三進的祭祀空間

聖蹟亭中門後的第三進空間裡有供台、祭台及亭身。

中門前雄偉的文昌石筆

聖蹟亭的中門是雲牆側立的八字門，線條優美，前方兩側聳立著一對文昌石筆，氣勢非凡。

▌中門前雄偉的文昌石筆。

▌花崗岩石建築的聖蹟亭亭身。

亭身

聖蹟亭亭身是奠基在方形洗石子台基上的花崗岩石建築，由下而上分別以八卦、四象、六氣的概念設計建置。最下層為象徵八卦的八角形，牆面有「麟吐玉書」、「祥獅含劍」的占樸石雕。中層為象徵四象的四方形，正面爐口有「過化存神」額匾。 中層側邊的牆面有清光緒元年（1875）及日治大正十四年（1925）修建的碑文。最上層為象徵六氣的六角形，正面有「聖蹟」的文字雕刻。

▌亭身側面的百年碑文。

尊崇朱熹的道東書院

和美道東書院原建於清咸豐七年（1857），清光緒十二年（1886）正殿曾遭回祿之災，次年重建，民國九十四年依原貌重修，目前為國定古蹟，大致保留了當初清朝的書院格局。道東有迎王道東來的意思，隱含有要弘揚宋儒朱熹理學的精神，所以道東書院正殿內奉祀宋儒朱熹，當地人又稱為文廟。

道東書院的建築格局

道東書院為坐北朝南的二進四合院。第一進為門廳，第二進是正殿講堂，門廳及正殿都是三開間格局，前埕有半月池及惜字亭，外有圍牆、照壁。內埕東西兩側有廂房作為學舍及祭祀廳，內埕後緣兩側有磚砌圓門通往後堂耳房。

正殿

正殿是講堂，也有祭祀功能，奉祀宋徽國文公朱子，正殿有一塊清光緒時晉江進士莊俊元書寫的「梯航絕學」古匾，正殿左右兩壁分別刻有書院的沿革與志文。正殿的圓形木柱及日治大正十四年（1925）重修時的彩繪圖案，都是值得欣賞的藝術佳作。

門廳

門廳為三開間，左右兩旁有泥塑龍虎牆，屋頂裝飾泥塑的鰲魚造型，象徵獨佔鰲頭。正脊中央裝飾一個葫蘆，代表福氣。門楣的「道東書院」匾額，是日治大正十四年（1925）重修時鹿港書法家王席聘的墨寶。

敬字亭

道東書院的敬字亭在前殿右側旁，敬字亭又稱惜字亭、聖蹟亭。古時書院把廢棄公文及殘書等字紙，集中送到敬字亭焚燒，以表示對文字及造字先師倉頡的尊重。

和美道東書院俯瞰圖

▌奉祀宋徽國文公朱子的正殿也是講堂。

道東書院的神明

道東書院主祀神明是宋徽國文公朱子，就是宋理學大儒朱熹，配祀神明有諸檀那祿位與福德正神土地公，諸檀那祿位就是對道東書院建設出錢出力的先輩之神位。

學舍

內埕東西兩側接著前廳的廂房是學舍，為學生起居的宿舍。

耳房

在內埕後緣兩側有磚砌圓門通往正殿旁的後堂耳房，耳房是山長們辦公及家眷起居生活的空間。

祭祀廳

內埕兩側東西有祭祀廳，東廡奉祀檀越長生祿位，包括當初咸豐年間發起創建計程車紳阮鵬程等幾位有貢獻的先賢，西廡奉祀福德正神土地公。

保存最完整的登瀛書院

登瀛書院前身是清雍正十二年（1743）清廷設立教化平埔族的土番社學。後來漢人子弟求學需要日增，在清道光二十八年（1848）草屯當地居民集資興建為登瀛書院，是目前台灣全島保留最完整的書院之一。

登瀛書院的建築格局

登瀛書院是單進雙護龍的三合院建築，門開在東西兩側。前埕外面有燕尾翹脊的照壁，照壁及前埕間種有花圃草坪，花圃裏有一座聖蹟亭，正殿為三開間，正門上懸有「登瀛書院」匾額。正殿及廂房有許多閩南式的花紋磚及木雕彩繪，把書院的古樸氣氛詮釋的淋漓盡致。

登瀛書院的神明

登瀛書院又名文昌祠，奉祀五文昌帝君，包括梓潼帝君、孚佑帝君、文衡聖帝、朱衣神君及魁斗星君，是草屯民間讀書人祈求功名中榜的地方。

正殿供奉五文昌君。

有祭祀功能的正殿

正殿是三開間的講堂，屋頂是燕尾脊，剪粘雙龍護塔的彫飾。正門前有四足雲龍圖案的御路石，神龕上方懸掛有「文運重興」、「學教敦倫」匾額，門楣及正殿裏的樑柱都有鼓勵向學的對聯，正殿也奉祀五文昌帝君，有祭祀功能。

正殿神龕上方懸掛有匾額。

草屯登瀛書院俯瞰圖

前埕

登瀛書院前埕是壓艙石鋪設的廣場，整齊宏觀，廣場前方是花圃草坪，花圃裏榕樹下方有聖蹟亭。

照壁

登瀛書院是三合院建築，門開在東西兩側，前埕與外界以照壁相隔，照壁是燕尾翹脊格局，紅磚砌造，照壁雖然不高，但顯得十分莊嚴。

聖蹟亭

在前埕的花圃草坪裏有聖蹟亭，就是一般書院都有的敬字亭，亭子由台基、方壇、爐身三部分構成，都是方形的格式，台基是石材結構，方壇和爐身是紅磚建築，搭配得十分典雅。

廂房

正殿兩側有護龍往前埕延伸，各是七間式的廂房，為當時的齋舍，與正殿以過水廊相接，是昔日學生與老師的宿舍及起居空間。

登瀛書院的通樑上的精緻木雕。

改成孔廟的屏東書院

屏東書院是清嘉慶二十年（1815）鳳山知縣吳性誠命歲貢生郭萃、林夢陽所創建，原址在今天屏東中山公園內。清光緒六年（1880）鄭贊祿曾經主持重修。日治時代書院逐漸沒落，改為孔廟，奉祀孔子及顏、曾、思、孟四大賢及周子、二程子、張子、朱子五大儒。日本昭和十三年（1938）日本人將公園內的原有書院移置到現在位置，民國六十六年名建築家漢寶德教授主持修復，書院現在保存有「屏東書院章程碑記」、「屏東書院租條碑記」、「東山書院改築紀念碑」、「重修孔廟碑記」四座碑記。

屏東書院的神明

屏東書院早期曾奉祀文昌君等神明，但改為孔廟後，正殿奉祀孔子及孟子、顏子、曾子、孔伋，東西廡廂奉祀孔門四科十哲等成名弟子，及歷代儒學大家朱熹等人。

屏東書院的建築格局

屏東書院為兩進雙護龍的四合院格局，有正殿及後殿兩落，正門口前埕外有一座獨特風格的照壁，前埕開闊，有門樓「大成門」，正殿兩側有對稱圓形門洞的側門，由此連接護龍廂房側面的單坡迴廊。正殿與後殿之間有軒亭相連。後殿兩旁連接著對稱的耳房。

屏東孔廟後殿崇聖祠。

耳房

後殿

軒亭

耳房

正殿

右廂房

照壁

正門口前埕外有一座獨特風格的紅牆照壁，牆上書「九仞宮牆」，牆脊是燕尾式風格，張顯出孔廟尊貴的地位，也是孔廟與外界的屏障。

正殿

正殿是原來的講堂，後來重修改作孔廟的大成殿，奉祀孔子及孟子、顏子、曾子、孔伋四大賢。

▍屏東孔廟正殿。

軒亭

屏東書院正殿與後殿之間有軒亭相連，和一般的書院及廟宇的內埕是透天空地有所不同。

後殿

後殿原來是祭祀文昌君的地方，目前是孔廟的崇聖祠，祭拜孔子的世祖。

廂房

正殿兩旁有對稱護龍廂房，原為學生的學舍，目前奉祀孔門四科十哲等成名弟子，及歷代儒學大家朱熹等人。廂房與正殿間有迴廊相隔。

屏東書院俯瞰圖

左廂房

中埕

門廳

九仞宮牆

照壁

耳房

後殿兩側以過水廊連接耳房，是原來老師及家眷的起居室。

▍屏東孔廟廂房。

認識書院

西式教育啟蒙地——理學堂大書院

淡水理學堂大書院，國定古蹟，保留在現今的淡水真理大學校園內，是加拿大基督教宣教士馬偕博士清光緒八年（1882）所建，創建經費來自馬偕加拿大牛津郡的故鄉親友，校名為Oxford College，俗稱「牛津學堂」。淡水理學堂大書院是台灣西方式教育的啟蒙地，也是淡江中學、台灣神學院、真理大學的發源地。

中西合璧的理學堂大書院

理學堂大書院坐北朝南，是中西合璧的四合院建築，原有兩進兩護龍，但第二落已拆毀，目前僅存一正堂兩護龍。屋脊兩側是中式寶塔裝飾，但門窗則是西方圓拱式造型。正堂屋脊中央是座十字架標誌。建築牆壁還有清光緒十年（1884）中法戰役時被砲彈擊中的彈痕。

淡水理學堂大書院
俯瞰圖

後廳

護龍

圓拱式門窗

淡水理學堂大書院全景。

正堂

正堂為三開間的主屋，左右有護龍，正中央入門處有三級石階，正堂門楣為觀音山石，題字「理學堂大書院，Oxford College 1882 」。正堂有西方圓拱式造型的門窗、紅瓦斜屋頂，屋頂有三扇老虎窗，屋簷有西式女兒牆。

護龍

正殿左右護龍的山牆各有一門兩窗，護龍外側各開有七扇窗戶，所有門窗也都是西方圓拱式造型，窗戶上楣有甎砌的拱形雨坡。屋脊上也有中式寶塔裝飾。

▌正堂的西方圓拱造型窗。

認識書院

後廳

原來理學堂大書院第二落的後廳已因故拆除，後來真理大學把原址及中埕改建為總務處、校牧室、禮拜堂及馬偕紀念館。

老虎窗

理學堂大書院正堂屋頂有三扇西式老虎窗，老虎窗是一種開在閣樓或屋頂上的天窗，兼具採光和空氣流通的機能。

女兒牆　　老虎窗

女兒牆

理學堂大書院正堂屋簷有西式女兒牆，女兒牆又稱壓簷牆，為建築物屋頂週邊的矮牆，狀似欄杆，除做為山牆的裝飾外，也有防止雨水從正面流下的功能。

▌禮學堂正堂。

板橋林家花園

見證旺族興盛的園林宅第

台灣早期漢人移民開墾落戶後，許多大戶人家依照原來家鄉的建築風格興建園林宅第，因此台灣的古宅第以閩南漳、泉州風格及客家粵東為主。這些早期旺族興建的園林宅第，可以見證當年家族的興隆盛況。

曲線流暢的閩南建築

閩南建築的風格曲線設計豐富流暢，喜歡用具有喜氣的紅磚砌牆，牆堵裝飾鮮艷活潑，裝飾圖案及彩繪亮麗精緻。

▌曲線流暢的閩南建築代表之一林安泰古厝。

簡樸清淡的客家建築

客家建築的風格線條簡潔清爽，屋頂常用青灰瓦，牆面喜歡用白色的漆。牆堵裝飾以窗和冊頁匾為主。門楣上多旋懸掛堂號、門兩邊多有對聯，明顯傳遞客家人簡樸清淡、勤奮尚文的特性。

▌簡樸清淡的客家建築。

台灣古宅第的主要格局

一般的宅第建築主要構成包括門樓、門廳、軒亭、正廳、後進、護龍等建築。

門樓

宅第建築的入口稱為門樓，台灣的古宅的門樓，因為防禦械鬥及盜匪的需要，往往不在主建築物的前方，而建在前院的兩側，甚至是二層帶有銃孔的門樓。

認識宅第

護龍　護龍　正廳　護龍　護龍

門廳

半月池

門樓

台灣古宅第模型圖

門廳

多院落宅第建築的第一落入口叫門廳，是迎賓的入口，有時也是主人停轎及帳房居住的地方。

正廳

正廳是宅第建築的主廳，是祭祀祖先與家族舉行重大會議的地方。

護龍

宅第的護龍則是子孫的起居住宅，一般左邊內護龍為長房住宅，右邊內護龍為二房住宅，其次各房依序左右往外護龍分配居住。因為古時大戶宅第多座北朝南，東邊內護龍為長房，西邊內護龍為二房，因此妯娌常被稱呼「東西仔」。

大溪李騰芳古宅門樓。

屏東邱家河南堂忠實第門廳屏風。

佳冬蕭家古宅主堂繼述堂。

蘆洲李宅護龍與正廳間的過水廊。

立下軍功興建的益源大厝

益源大厝又名馬興陳宅，建築於清道光二十六年（1846），地點在秀水鄉馬興村。益源大厝開台祖陳武於清乾隆年間來台經商，店號稱益源號。其子陳榮華娶馬氏，入墾馬興。清道光二十二年（1842）陳榮華協助清軍抵抗英國立下軍功。次年陳家開始興建益源大厝，到清道光二十六年（1846）完工。益源大厝日後經歷幾次整修，但大致保持原貌。

大院包小院的三進二院建築

益源大厝佔地3,000餘坪，兩旁有6,000坪增建的護龍排屋，主建築原是三進二院的建築，為大院包小院的格局，第三落兩旁的護龍延伸到第二落護龍外圍。在主建築外面有兩對住家的外護龍，第一外護龍開對稱的方門，第二外護龍開對稱的圓門，分別為四房子弟的居所。

門廳懸掛「文魁」匾額

第一落是一座燕尾脊門廳，門楣上懸掛著清咸豐年間陳培松中舉人時監考官贈送的「文魁」匾額仿品，門廳是正廳及內護龍的主要入口。

冀望四房子孫興旺的陳四裕牌匾

益源大厝前埕外有門樓，門楣上題有陳四裕的牌匾，取名陳四裕是冀望陳家四房子孫都能興旺。

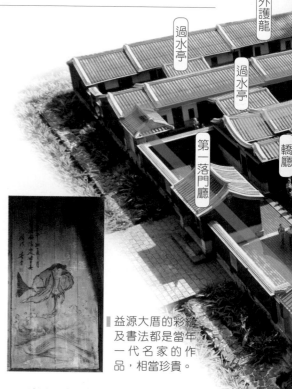

第三外護龍
過水亭
過水亭
轎廳
第一落門廳

益源大厝的彩繪及書法都是當年一代名家的作品，相當珍貴。

正廳供奉祖先、後堂是佛廳

第二落是供奉陳家祖先牌位的正廳，懸有陳氏祖先遺像6幅。第三落是後堂，也是佛廳，廳堂門屏繪有觀音菩薩像。

門楣上題有陳四裕的牌匾，希望四房都能繁衍富裕的意思。

益源大厝祖廳有提醒子孫創業維艱的門聯。　益源大厝有多種形式的漏窗。　護龍之間以過水亭做為各房生活空間的緩衝。

益源大厝模型圖

第一外護龍

第三落後堂

大院區域

小院區域

第一落正廳

第一外護龍

過水亭

第二外護龍

過水亭

第三外護龍

門樓

過水廊形成的各房緩衝空間

益源大厝有三對護龍，護龍之間有過水亭，過水亭及護龍間的過水廊形成各房生活空間的緩衝。

放置轎子的轎廳

正廳兩側護龍為轎廳，是昔時主人放置轎子的空間。轎廳連接後落護龍的屋脊呈雙馬背山牆，別具特色。

前埕有舉人旗桿座

前埕院內有一座旗桿座，為清咸豐年間陳培松中舉人時所設置。前埕院內有一口保存完整的古井。

昭勇將軍的故居──摘星山莊

摘星山莊又稱潭子林宅，建造於清光緒三年（1877），為清朝時跟隨霧峰林家一起征戰太平天國有功的昭勇將軍林其中所建，是一棟百餘年的歷史建築。

護龍　護龍　主廳　門廳

充滿閩南風格的摘星山莊

摘星山莊為三進多護龍的四合院建築，建築使用的杉木、花崗石、青斗石等建築材料，都是從福建運來的。精緻的木刻、石雕、樑拱、交趾燒充滿故鄉閩南的風格。

▌摘星山莊的交趾陶。

不在主建築正面的門樓

第一進的門樓開在側面，不在主建築正面，原來是兩層的建築，後來因為風水的因素，改建為一樓。門樓上有「摘星山莊」石匾。門樓內的前埕有半月池。

▌摘星山莊的門樓。

摘星山莊模型圖

護龍

護龍

摘星山莊門廳。

門廳門楣上懸有「文魁」匾

第二進為門廳，有三開間，門楣上懸有「文魁」匾及陶塑的「樹德堂」。門面石雕與交趾陶裝飾十分華麗，兩旁有對聯。

無處不雕、無處不畫、無處不文

號稱無處不雕、無處不畫、無處不文的摘星山莊，舉凡交趾陶藝、彩繪及書法都是名家作品，在門廳與正廳裝飾有許多花卉、螭虎、祥獅瑞獸的剪黏及交趾陶作品，最特別的是還有交趾陶塑成的文字，有別於一般交趾陶藝圖案為主的作品。屋裏的彩繪及書法作品都是少見的佳作，郭友梅、郭振聲、郭庭柯、吳滄洲等作者都是當時首屈一指的名家。

正廳門楣上懸有「進士」橫匾

第三進大院為正廳，屋頂為全部建築裏最高的，廳內供奉林氏祖先牌位外，還擺設有林其中畫像，廳門門楣上懸有「進士」橫匾，門旁左右聯有同治年間題款。

摘星山莊的磚雕。

客家風格的蕭家古宅

佳冬蕭家古宅位於屏東佳冬鄉，是客家圍龍夥房的五堂大屋。蕭家祖籍廣東梅縣，遷台至今近兩百年，定居佳冬後以釀酒、貿易、碾米及染布為業，逐漸致富，並購置大批田產，成為佳冬的旺族。蕭家自清咸豐十年（1860）開始，請唐山師傅來台興建大型宅第，建築全部採用來自大陸的建材，前後歷經20年才完成了這座五堂圍龍的客家防禦式建築群。

▌前埕外的惜字亭是蕭家重視文教的象徵。

形成步步高升的建築群

蕭宅的格局類似回字型的五進堂建築，前埕有半月池，前埕對面有惜字亭，左右兩側是圍繞的圍龍橫屋，圍成了四個內埕並建構出完整的圍龍屋群。屋群左右對稱有明顯的中軸。從第一堂到第四堂的屋頂依序逐漸增高，形成步步高升的格局。第五堂為日治時代改建已非當年古宅原始風貌。蕭宅是典型客家住宅純樸的特色，陳設簡單肅靜，色彩以朱、墨為主，屋脊全為馬背山牆。

▌佳冬蕭家古宅祖堂。

有歷史變遷痕跡的門堂

第一堂為五開間的門堂，是家族公共事務及會客的場所空間，日治時代整修加上西洋式的山牆與女兒牆，並以洗石子裝飾，一眼望去能感受出歷史變遷受外來文化影響的痕跡。

大堂「勤業堂」

第二堂為供奉蕭家祖先牌位的大堂，額題「勤業堂」，門側有對聯「勤堪補拙勤為本，業可隨身業貴精」，兩旁有螭虎團爐石窗，極具特色。

蕭家書房「步月樓」

在蕭家古宅的東面，蕭家建造一座書房名為「步月樓」，書房的門樓屋脊有別出心裁的一路連科及麒麟送喜的剪黏裝飾，「步月樓」也曾是乙未抗日時的客家義軍流血抗敵的古戰場。

祖廳「明德居」

第四堂為五堂中最高的花堂或稱祖宗廳，堂額題「明德居」，堂門中央設四扇木屏門，堂內是祭祀空間，左右兩間為族中長輩的居室。

▋巴洛克門堂的上方。

▋蕭家書房「步月樓」。

主堂繼述堂

第三堂為祭祀天地君親師的主堂，亦稱繼述堂，保留重視倫理的傳統，門框以木雕飛罩裝飾，兩側有對聯及和螭虎團爐窗，木雕古典精緻，主堂與大堂間以過水廊相連接，中間有八卦門通道。

具時代多樣性的建築特色

蕭宅主體建築的房舍經過多次增改建，所以建築材料具有時代多樣性，從傳統紅磚板瓦、福杉、土埆、卵石、灰泥，到日治時代的標準磚、洗石子、水泥粉光都有。裝飾則融合了傳統、和風、洋式三種風格，展現了歷史變遷的痕跡。前三落堂屋和內埕、天井式整座建築精華所在，精緻古典的木雕、石雕、彩繪、泥塑等建築展現了極高的文化價值。

▋蕭家古宅廚房與古井。　▋門堂與大堂間的八卦門。

屏東鄉土藝術館前身—河南堂

位於屏東市中正國中的屏東鄉土藝術館是日治大正四年（1915）舊屋改建的河南堂「忠實第」，是六堆客家武秀才邱元壽的古宅，另一座緊鄰的邱元奎古宅在中正國中建校過程中不幸已被拆除。

邱鳳揚家族抗日的故事

甲午戰後清廷割讓台澎給日本，六堆客家人起而抗日，當時的六堆大總理邱鳳揚率領六堆義軍與日軍乃木希典的第二師團作戰，其三子及眾多宗族子弟在戰役中陣亡，後來日軍以招撫和談結束戰役。

1915年建成的精美合院建築

戰後，邱鳳揚次子邱元壽在大陸考取武秀才，返鄉後經商致富，為地方上望族。日治明治二十九年（1896）邱元壽與大哥元奎在田寮莊各建一座相鄰的伙房。後來邱家經營糖廠累積更多財富，於日治大正四年（1915）將舊屋改建成現存的精美合院建築「忠實第」。

▍忠實第的前堂是三開間
的門廳建築，正門門楣
有河南堂匾額。

閩客日文化交織的建築忠實第

邱姓河南堂忠實第為座北朝南二堂二橫的四合院建築，由中軸線從外進入依序是前庭、前堂、中庭與後堂。兩邊以過廊與橫屋相連。邱家是客家人，忠實第是在日治初期聘請福建建築師傅施工建造的，因此是一座交織著閩、客、日文化特色的建築。忠實第整體呈現客家建築重視文風、淳樸精簡的特色，但建築中也到處可見閩南建築華麗的木構雕刻與交阯陶裝飾，正面則是當時流行的日式洗石子牆面。

三開間的門廳

忠實第的前堂是三開間的門廳建築，前方正門入內後，有三扇木門可以進入中庭及主屋，但其中中間的門有屏風功能，除迎賓外一般都只開兩側的門。

精美木雕的檐廊

檐廊前方有精緻的雀替木雕及二個雕工精美的吊筒，檐廊立有一對石柱，但屋頂是大木結構，整體表現出簡潔樸素的客家風格。

▌忠實第裡客家建築象徵重視文化的竹節窗。

▌忠實第的祖堂門楣上的古匾是出色的書法作品，門聯也很有特色。

出色的門聯書法

忠實第的後堂是祖堂，正間的屋身是洗石子建築，正門兩側的壁堵是精美的石雕與木雕窗。後堂兩旁次間的屋身是斗砌磚牆，牆上有精美圖案的木窗。忠實第的的裝飾藝術除木雕、彩繪、交阯陶外，門聯書法也是一大特色，祖堂門楣上的忠實第古匾就是出色的書法作品。

前堂門楣有河南堂堂號

前堂正面牆壁是日式洗石子風格，正門門楣有河南堂匾額，門側有石刻對聯，兩旁頂堵牆飾有交阯陶及窗額書法，身堵、腰堵、裙堵及櫃台腳都是精美石雕。

▌六堆12鄉鎮分布地圖。

客家六堆的始末

清康熙六十年（1721），朱一貴事件時，高屏地區的客家族群，組成六支義勇軍保衛家鄉，後來就稱組成這六支軍隊的客家鄉鎮為「六堆」。「六堆」分為中堆、左堆、右堆、前堆、先鋒堆及後堆，乙未抗日戰爭六堆義軍浴血抗日失敗後，日本人不允許六堆這種自衛性組織存在，六堆義軍就走進歷史成為客家的地理名詞。

認識宅第

閩客墾荒大本營—金廣福公館

位於新竹縣北埔鄉的金廣福公館是台灣目前僅存的墾號公館遺蹟，目前被評定為國定古蹟。金廣福公館是清朝漢民拓墾組織金廣福墾號的司令部，是早年台灣漢人拓墾歷史中少見的閩客合作事例。

金廣福公館的門樓。

金廣福公館的歷史

清道光十五年（1835）左右，為防禦原住民對開墾漢人的攻擊，淡水同知李嗣主導招集了台灣當年閩南與客家族群的商業領袖姜秀鑾、林德修、周邦正一起合作，閩客雙方共同出資並權責分工組成了金廣福墾號，其中「廣」字代表廣東，「福」字代表福建。建立金廣福墾號後，新竹地區的漢人以金廣福公館為對原住民作戰的後勤總部與指揮部，並陸續在山邊建立許多隘寮，以隘丁防衛墾地，然後招收佃戶進行開墾。

因歷史價值而珍貴的簡樸古建築

金廣福公館是二進一院的四合院格築，屬客家雙堂屋格局，不算是豪華的大宅院，裝飾簡潔質樸，但因為歷史價值所以顯得十分珍貴。原來主建築兩側各有一條外護龍，但是右側外護龍在日治昭和十年（1935）遭遇大地震毀損後已改建為日式建築，左側外護龍則仍然而保存原始格局。由於金廣福是為指揮拓墾的防衛作戰設立的建築，因此在建築上有許多防禦性的設計；金廣福公館的土牆厚度達到50公分以上；大門是厚重木材建造，背後以直立的栓杆插入上下伏兔，再以連楹加強固定；門樓內側有隱密的銃孔。這些都是當時為防禦需求所做的規劃。

因歷史價值而珍貴的簡樸古建築。

見證歷史的匾額

金廣福公館第一進門廳屋頂橫樑上原本懸掛著光緒十年新竹知縣徐錫祉為表彰第一代總理姜秀鑾的後代姜紹基對抗法兵功績所頒的「義聯枌社」木匾，第二進正廳門楣上原本懸掛著當年墾號「金廣福」木匾，但是姜家後人擔心古蹟遺失，已經拆下另行保存，目前懸掛的「義聯枌社」及「金廣福」木匾都是近代仿造的。

▌天水堂精緻的雕刻。

大廳有祖先畫像

金廣福公館整體建築緊密，以白色粉牆搭配黑色板瓦，具有客家建築的傳統風格。第一進是敞廳式的門廳，青石板鋪陳的中埕左右側都有石階花台，大廳內掛有姜氏先祖姜秀鑾的畫像，耳房和大廳緊密連接。

首代領袖姜秀鑾的住宅—天水堂

金廣福公館左側是「天水堂」，北埔人稱為姜屋，是金廣福公館第一代領袖姜秀鑾及後代子孫的住宅。天水堂是一堂六橫的三合院。目前是金廣福公館國定古蹟的一部份。

天水堂有燕尾造型的門樓，門樓內側有防禦的銃孔。正廳是格扇門搭配黑色為基調的彩繪木構雕梁，兩側石窗上延搭配有吉祥彩繪，整體建築顯得高雅精緻。

▌天水堂的古舊正廳。

銃孔

▌金廣福公館門廳的銃孔。

舉人宅第─大溪李騰芳古宅

福建詔安移民第二代李炳生以家號李金興經商有成，李炳生三子李騰芳在福建參加鄉試中舉，三年後捐輸得內閣中書官銜。大溪的地名也因李騰芳中舉由「大姑陷」，改為「大科崁」。李騰芳古宅建於清咸豐十年（1860），完成於清同治元年（1862），是李騰芳中舉之後擴建的家宅。

三個象徵科舉中第的歷史文物

李騰芳古宅外埕有象徵舉人的旗桿座、正廳門楣懸掛「大夫第」扁額、正廳大堂中央高懸「文魁」扁額，三個象徵科舉中第的歷史文物保留至今，仍然見證著李騰芳當年的地位與風采。

堅固防衛功能的建築格局

李騰芳古宅是兩進四護龍建築格局，主建築外面有圍牆，圍牆外面正前方有「半月池」，是兼具風水、防禦、消防功能的設施。外圍牆兩側有門樓進出，因為當年有漳泉械鬥防衛的需要，李騰芳古宅外圍有種植刺竹的濠溝，圍牆四角有銃櫃。

正廳高於門廳的次序

李騰芳古宅第一進院內有矮牆將屋前廣場分成外埕、內埕，第一進是門廳，第二進正廳也是供奉祖先牌位的祖廳，正廳與護龍間圍成一個完整的中庭空間，護龍房間眾多，有廊道穿梭其中。整座建築群以正廳最高，門廳及正廳燕尾得以層次交錯於天際，遠望過去，可以欣賞到建築的尊貴與次序之美。

▌李騰芳古宅紅磚、黑瓦的古樸味。

客家建築紅磚、黑瓦的古樸味

李騰芳古宅整體呈現紅磚、黑瓦的古樸韻味，有客家人質樸尚文的特色。門廳、正廳及護龍屋頂都是象徵官宦之家的燕尾脊，屋脊上有華麗的剪黏裝飾。主體建築是傳統的大木結構，斗栱木雕非常精美。廳室門楣及屋內陳設有許多書畫珍品，充分體現出主人李騰芳的文化素養。

▌第二進正廳是供奉祖先牌位的祖廳。

▌李騰芳古宅屋內陳設的書畫珍品。

▌李騰芳古宅的壁堵雕刻。

▌李騰芳古宅精美的斗栱木雕。

旗桿座

中國自隋代開始到清末以科舉取仕，千年歲月裡，共有七百多位狀元，十幾萬個進士，數十萬名舉人。考取科舉功名是家族的榮耀，因此有許多慶祝的活動，豎立旗桿就是官方認可的一種紀念建築。旗桿座是在相同對立的兩塊石碑中間樹立一根旗桿，石碑上有孔固定旗桿，舉人在旗竿頂裝飾一顆圓球，進士或狀元則旗竿頂裝飾兩顆圓球。旗桿座多半立在祠堂前或宅第的前埕。

多福多壽多子孫—餘三舘

永靖餘三舘陳家的祖先陳義方在清同治元年（1862）協助清朝官府平定戴潮春之亂，因戰功欽加五品頂戴。陳義方長子陳有光於清同治十一年（1872）興建祖堂，陳有光於清光緒十年(1884)再擴建祖堂餘三舘，歷時七年才完成了今天的餘三舘建築群。

多福、多壽、多子孫的意義

在彰化永靖的陳家祖堂取名餘三舘，是希望陳家後代能「多福、多壽、多子孫」。餘三舘是粵東客家混合閩南特色的單進多護龍三合院建築，目前外護龍雖已被改建樓房，但三合院形勢仍然整修保持完整。

▌餘三館的精緻彩繪。

內外分明的生活空間

餘三舘從由內護龍向中央伸出一道矮圍牆，圍牆以外是外埕，是曬穀、晾衣的場所。圍牆以內是內埕，是家屬居家生活的地方。

兼有門廳功能的門樓

餘三館的外埕圍牆外設有獨立的門樓，是一棟三開間的門廳建築，門楣上懸掛餘三館的匾額，門樓兩側是土埆壁外覆蓋以竹釘固定的穿瓦衫牆面，墙壁上還設置有防衛的銃孔。

▌餘三館門樓。

█ 餘三館正廳。

正廳大門上懸掛「貢元」牌匾

正廳大門上懸掛著清同治年間陳有光捐納取得「貢元」，布政使司潘霨與按察使司葆亨贈的貢元牌匾。神龕兩側原來有恩受貢元、成均進士兩對執事牌。

為感念先祖命名的創垂堂

正廳前方有軒亭，四根龍眼木柱的軒亭木構雕刻十分精緻，吊筒及刻成鳳凰和鰲魚的雀替都是難得的木構佳作。正廳內供奉陳家祖先牌位，稱創垂堂，是感念陳家先祖「創立家業，垂留後世」的意思。

精緻的正廳建築裝飾

餘三館的正廳是七開間建築，左右護龍各為五開間建築，正廳木構架為三通六瓜，在簷廊兩側牆堵上，有「白髮漁叟」、「執扇仕女」泥塑，別具特色，在左護龍門楣上方懸掛著「歷山」匾額，右護龍上方懸掛「雷澤」匾額，古色古香。

█ 正廳前方有四根龍眼木柱的軒亭。

█ 兼有門廳功能的門樓。

認識宅第

家族傳承不綴的新埔劉宅

新埔上枋寮劉宅又名劉氏雙堂屋，初建於清乾隆四十六年(1781)，清同治元年(1862)，因大火改建為紅瓦屋頂的四合院建築，後來因為家族人口增加，在左右兩側增建橫屋（護龍），總計有九十九間房。新埔上枋寮劉宅坐北朝南，有前後堂，故又名雙堂屋。

▌雙堂屋的五間寬門廳。

雙堂屋格局的建築特色

新埔上枋寮劉宅為二堂六橫帶半月池的紅磚合院式宅第，是前三合院加後四合院的複合式建築群，前面三合院由左右橫屋與門廳合圍而成，在門廳內是四合院的空間。這種前後二進與左右迴廊組成的雙堂屋格局，是枋寮劉家的建築特色。

前堂門廳「鐵漢家聲」

前堂門廳為五開間寬，中央三開間為祠堂，外側二開間是過廊。前廳門楣上藍框紅底金字的浮雕「鐵漢家聲」渾然有勁，配以左右對聯「自昔家風宗渡虎，于今門第挹雕龍」訴說著劉家先祖宋朝鐵面御史劉安世的風範。

▌隔開居家空間的與天井。

家族公共空間的天井

門廳後的四合院天井，是劉氏家族聚會、祭祀、迎賓時的群體活動空間，兩側以迴廊與橫屋緩衝，迴廊與居家空間隔開，把天井的公共空間明確化分出來。

▌劉氏雙堂屋是紅磚合院式宅第。

堂號「黎照堂」

第二進是供奉劉氏歷代祖先的正廳，門楣上有藍框紅底金字的「黎照堂」堂號，正門兩側及廊柱上各有對聯一付，突顯劉家先祖重視文化及氣節的家風。正廳還陳設有劉家來台祖延轉公的母親所使用的竹籃、清廷發給劉家十六世祖劉永廷捐輸貢生的戶部執照與監照。

認識宅第

▌供奉劉氏歷代祖先的正廳「黎照堂」。

綿延至今的大規模祭祖聚會

劉氏祖訓規定雙堂屋子孫在外鄉不得另立祖牌奉祀，雙堂屋劉家每年正月初四及八月初二舉行春秋二祭，散居外地的雙堂屋子孫都要返鄉祭祖。在雙堂屋的後方的瑞閣園裡有一座新式斜坡造型的劉家祖塔，目前供奉了1000多座劉家先祖的骨灰，每年春秋二祭這裏會聚集數千位雙堂屋子孫一起祭祖，顯見雙堂屋的良好傳統及向心力。

台灣第一藏書家—筱雲山莊

筱雲山莊位於神岡鄉三角村大豐路，又稱呂家新厝。為清同治五年（1866）到日治時代呂炳南及呂家子孫陸續完成的四合院民宅。筱雲山莊為中軸對稱的二落三護龍之四合院，包括有門樓、門廳、正堂、庭園、護龍、半月池等建築。

有防衛功能的門樓

門樓開在建築前埕的側面，為兩層式的建築，門楣上題有「筱雲山莊」，門樓上設置六角窗、書卷窗及防衛用的銃眼。

同治年代的門廳「篤慶堂」

第一進是門廳篤慶堂，建於清同治五年（1866），是一座紅磚的古老建築，篤慶堂前方有半月池，大門左右兩側裝飾有交趾陶「魚樵耕讀」、「琴棋書畫」，上面有同治五年、晉水一經堂蔡騰迎的落款。門廳裏掛滿古老字畫，充滿書香氣息。

大宅子軸心在「五常堂」前的中心點

第二進是正廳五常堂，正廳前的地面鋪設有一個中心點，地磚由此四面擴散，有象徵整座大宅子軸心意義。正廳兩側的長條石凳是為紀念早逝的舉人呂汝修，以他中舉人的旗竿石所改建的。

曾有台灣最多藏書的筱雲軒

筱雲軒在篤慶堂的東側，建於清光緒四年（1878）是一座兩開間的中心點，有單簷歇山屋頂，屋前有三面花圃及水池環繞，是個優雅的庭院，筱雲山莊曾是台灣第一藏書家，藏書計有二萬一千三百三十四卷。

日式風格的迎賓樓

迎賓樓建於日治昭和八年（1933），作為接待賓客之用。與筱雲軒遙遙相對，玻璃格子門窗具有時代風格，二樓西面類似軒亭的屋台，可以眺覽四合院內部景觀。

仿西式建築的新建築

在筱雲山莊南面有日治時代新建的仿西式建築及庭園，有廊、廳與房三種格局，院內有有中、日風格交融的小型庭園，園內五級陶塔。

筱雲山莊入口的日式門柱。

筱雲山莊正廳五常堂。

▌有防衛功能的門樓。

▌曾有台灣最多藏書的筱雲軒。

筱雲山莊的木雕及磚雕極具特色

筱雲山莊的員光以及樑下托木的木雕十分精美。而磚雕除了技巧之外，也常以青磚與紅磚交相疊砌，形成凹凸線腳，頗具美觀。筱雲山莊的門樓、篤慶堂皆有磚雕作品，護室鳥踏也有磚雕葫蘆裝飾。

更早的家園─呂家頂瓦厝

呂家頂瓦厝與筱雲山莊都是神岡呂家的宅第，建造年代大約在清道光六年（1826），比筱雲山莊還早大約40年。呂家族人早期以頂瓦厝為家宅，直到筱雲山莊完成，才陸續遷出頂瓦厝，因為居住人口少反而使頂瓦厝保留了原始的建築風貌。二進雙護龍的呂家頂瓦厝是典型的客家夥房，主建築是大木結構，除剪黏、木雕、石雕裝飾精緻外，磚雕更是獨具特色。九二一地震時，呂家頂瓦厝有所損壞，經政府補助及呂家後人的努力已經大致修復完成。

鄭成功大將的統領府── 德聚

台南德聚堂建於十七世紀的明永曆年間，在今天台南市的永福路，原來應該是鄭成功麾下大將陳澤的統領府官邸。陳澤無子嗣，過繼姪子陳安為子，裔孫繁衍為今台南的大族。德聚堂遂成為陳氏的家廟。坊間傳說德聚堂是鄭成功另一位大將陳永華的府邸可能是後人混淆陳澤就是陳永華的錯誤。

▎正廳牆上王羲之歷史故事。

有護龍的傳統四合院建築

德聚堂是傳統的四合院建築，前落是門廳，後落為正廳，兩側有內外護龍，中庭有內埕天井。中庭兩側以相對襯的八卦門通往左右護龍。

陳氏家廟的堂號穎川

門廳有簡潔的燕尾屋脊裝飾著紅瓦的斜坡屋頂，顯得十分尊貴。門廳上方懸有龍形雕花豎牌「穎川陳氏家廟」。門廳的左右牆面有鑲著陳字的對襯八角窗，別富韻味。

正廳前的軒亭有寬敞的祭祀空間

正廳前有軒亭，前方的天井環繞著廊道，形成一個寬敞的祭祀空間，每年春秋二季從台南分到地的陳氏會回來祭祖。

▋奉祀穎川始祖的正廳。

▋原來在拜殿屋頂的憨番裝飾。

▋堂號穎川的陳氏家廟。

奉祀穎川始祖的正廳

正廳裏陳列有多幅古老的橫匾，顯示出陳家輝煌的過去，正廳神龕上奉祀著穎川陳氏始祖的牌位。正廳的牆壁上還有多幅有關郭子儀、王羲之等歷史人物故事的插畫，顯示陳家對傳統義禮教育的重視。

三百餘年前的旗桿座古蹟

在德聚堂陳氏家廟的前方，有三百餘年前的旗桿座古蹟，是德聚堂當年做為陳澤統領府的歷史陳跡。

▋三百餘年前的旗桿座古蹟。

認識宅第

傳統民宅的代表──蘆洲李宅

蘆洲李氏祖先乾隆年間從福建同安渡海到古稱和尚洲的蘆洲開墾拓荒，經過多年努力以「李長利記」商號建立富裕家業。清咸豐七年（1857），李家在蘆洲就蓋了四合院住宅，但是清光緒二十一年（1895），因為家丁興旺舊宅不敷居住，家族仿大陸古厝建築改建成今天保留下來的建築群。

整體保存完整的四合院古建築群

蘆洲李宅是三落多護龍的四合院建築群，共有九廳六十房，中軸線上的屋頂由外向內步步升高，門廳、正廳與護龍間以廊道與紅磚拱門相通，各建築間排列有序，整體十分美觀。目前整體建築群保存完整，可以說是台灣傳統民宅的代表建築。

▌蘆洲李宅「外翰」匾額見證歷史地位。

門樓

門廳

過水亭

外護龍

護龍

正廳

護龍

過水亭

外護龍

後堂

認識宅第

▍以石材為主的蘆洲李宅。

古樸而優雅紅磚紅瓦建築

蘆洲李宅因為附近多有水患，因此沒有採用傳統大木結構建築，而使用了許多紅磚、砂岩、石材建材，整座建築群呈現鮮明紅磚牆、紅瓦屋頂的色彩，顯得古樸而優雅。

「外翰」匾額見證歷史地位

李家先祖李樹華在清朝時曾擔任主管全台秀才科考的「儒學督正」，因此蘆洲李宅的中門門楣上懸有清舉人羅秀惠題字的「外翰」匾額，也見證李宅曾為官宦人家的地位。

李友邦將軍紀念館

蘆洲李家來台第五代的李友邦將軍，黃埔軍校第二期畢業，是第一位台籍將領，在日治時代，曾在浙江地區領導對日抗戰，並娶了浙江女子嚴秀峰為妻。台灣光復後，李友邦將軍在白色恐怖期間不幸受害身亡，近年經過李將軍夫人嚴秀峰女士的努力，為李友邦將軍平反，李氏家族將古宅捐出在原地成立「李友邦將軍紀念館」，展出各種抗日史料及李將軍手稿。

▍「李友邦將軍紀念館」入口。

異地復古重建的林安泰古厝

林安泰古厝建於清乾隆四十八年(1783)，是一棟超過200年歷史的閩式建築，原來位在台北市四維路，民國六十七年敦化南路拓寬時拆除後，在台北市濱江街以拆除的原材料依照建築原樣重建，保留了古厝原始的風貌。

台北市目前保存最完整的閩南古厝

清乾隆年間，林家祖先林欽明從福建安溪渡台經商，以「榮泰行」經營致富後，家族就在今天台北市四維路的地方建造名為「安泰厝」的大厝，安泰係紀念福建安溪家鄉及家族榮泰行的成就。林安泰古厝是台北市目前保存最完整的閩南傳統古厝。

美麗的燕尾脊屋頂

林安泰古厝是燕尾脊的硬山傳統建築，前廳低於後面正廳，護龍之間有迴廊及天井，構成有次序的家族生活空間。

▌林安泰古厝內迷你的福德祠。

▌正廳的神龕有精彩豐富的雕刻。

紅瓦紅磚牆的傳統建築

整棟建築以紅磚、石材及福州杉為主要建材，紅瓦屋頂搭配紅磚牆、灰石窗、灰色基座，把古宅的傳統特色呈現的淋漓盡致。

開闊的前埕

林安泰古厝開闊的前埕鋪設來自大陸的海運壓倉石，前埕外有橢圓形的月眉池。

林安泰古厝清斗石的門廳門面。

認識宅第

建築的石雕精美

林安泰古厝門廳外有石雕的抱鼓石門墩，大門兩旁石柱上有對聯。整座建築在多處呈現雕刻精美的石刻作品。

充滿寓意想像的精美木雕

林安泰古厝有許多充滿寓意的精緻木雕。如正門左上方是象徵好學不倦的琴、書、箏木刻；右上方是象徵文武雙全的官印、令旗和盔甲。門廳及正廳兩側門上的團龍圍爐鏤雕窗欞、正廳神龕的木刻故事及門廳束隨的吉祥雕刻，都是木雕精品。

林安泰古厝門扇木雕有許多立體生動的花紋雕刻。

展現古早生活面貌的民俗文物館

林安泰古厝於民國八十八年被規劃為民俗文物館，以仿古的陳列，展示林家早年的生活面貌，展示陳列的民俗文物有：碾米的土礱、杆臼，製作糯米食品的石磨、錢櫃、飯桌、傳統碗盤、木製飯桶、櫥櫃、廚房的爐灶、煮飯的工具、古早衣飾、古床、梳妝台等。

民俗文物館展示的古代轎子。

家族古厝建築群——深坑黃宅

深坑黃家開基祖黃世賢務農致富，黃家祖厝是簡單之三合院，黃世賢孫子黃連山已經營成為深坑首富，光緒年間建了三合院定居，子孫稱為「連山祖厝」，六房子孫則各自有不同的宅第，目前黃家在深坑有保存良好的七座古厝：開基古厝、連山祖厝、二房的永安居、三房的福安居，四房的興順居，五房的潤德居，六房的六房厝。

做為古蹟保存的永安居

深坑黃家二房的永安居目前被政府做為古蹟保存。永安居建於日治大正年間（1912～1914），距今將近百年，早年盜匪猖獗，永安居特別重視防禦功能，也藉著取名求「永久平安居住」的心願。

永安居的門廳。

整體建築易守難攻的古宅

深坑黃宅整座建築背山面溪、前低後高、居高臨下，並以二道圍牆、銃樓及內牆上三十三個隱密的銃眼做為防禦工事的主體，大門是厚重木門並在門內上下設有連楹與伏兔加強門衛力量，整體建築易守難攻，是一般民間古宅少見的格局。

五間起的閩式三合院

深坑老街街尾的永安居是五間起的三合院，是福建匠師的傑作，用大陸福杉為木料，並搭配紅磚及石材建成。外圍牆是以紅磚堆砌成的亞字型花紋牆，正廳的門楣上方有「永安居」的泥塑匾額，正廳大門步口廊是五層石板階梯高起的凹壽格局。

卜紅磚配下灰牆的永安居牆面。

以倫理孝道為題的裝飾圖案

深坑黃宅永安居的裝飾有剪黏、石刻、磚雕、彩繪及書法等，這些精美的藝術創作大多以倫理孝道的故事為主題，如正廳大門石臼上雕刻的「唐夫人事親哺乳」及「子路背米養母」故事，顯現黃家對孝道的重視。

認識宅第

美麗的古典外牆

永安居屋身正面為砂岩的牆基上砌造磚斗子牆身，屋頂是美麗的燕尾脊，還有美麗的鵝頭墜、懸魚、雙層鳥踏加上細緻的櫃檯腳石雕與火形、水形馬背的山牆，整座建築裝飾精緻、色彩豐富、線條流暢。

兔仔耳

兔仔耳是設置在窗戶外牆上方的磚造、石造或木造孔洞，藉其穿入竹桿以懸吊窗簾，用以遮陽擋雨。永安居黃宅的窗戶上方就有三塊磚造的圓孔兔仔耳構造。

兔仔耳

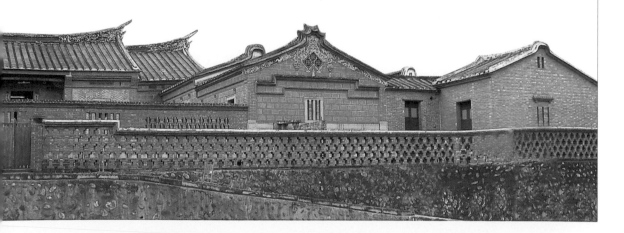

保存完整的板橋林家花園

板橋林家花園是板橋林本源園邸的俗稱，超過百年的林本源園邸是目前台灣保存最完整的園林建築。

在大溪開墾經商致富的林家

清乾隆四十三年（1778），漳州人林應寅來台從事教職後返回福建。但次子林平侯渡台尋訪父親，沒有隨父返鄉，在米商鄭穀的店裏打工，後來鄭穀出資助其創業，林平侯從運米起家，後來與竹塹林紹賢共同經辦台灣鹽務，因此累積了許多財富。清嘉慶二十三年（1818）林平侯遷居至大料崁（今桃園大溪），築大料崁堡開墾田地並建築灌溉水圳，田租收入大增，林本源商號至此成為大富商。1850年代，林平侯家族搬到板橋，興建了三落大厝。1870年代，林家花園開始興築，1880年代，完成了「新三落大厝」。當時林維源幫辦劉銘傳從事撫墾、商貿、交通、教育等事業，成為北台灣的仕紳領袖。1890年代，歷時20年的林家花園終於完成。

板橋林家的建築原型

板橋林家全盛時期完成的宅第分成四大部分：三落大厝、花園、弼益館與五落大厝。其中弼益館及五落大厝已經拆除不存在了，現今留存的僅有三落大厝與花園二部分。

（標示：來青閣、方鑑齋、汲古書屋、橫虹臥月、香玉簃、觀稼樓、月波水榭）

三落大院的門廳。　有軒亭的汲古書屋。　二層有遠眺平台的

三落大厝

板橋林本源園邸的三落大厝是三進兩護龍的傳統閩南式建築，三落包括門廳、祖廳及後堂，共有52個房間，屋頂是象徵地位的重簷燕尾脊，建築的門窗、樑柱雕刻精美細緻。門廳門楣上懸掛光緒年間朝廷頒發的「光祿第」匾額，祖廳門楣上懸掛光緒年間慈禧太后賜贈的「尚義可風」匾額。後堂門楣上懸掛訓勉族人知福、惜福的「如是福」匾。三落大厝前埕有官宦宅第才會有的半月池，三落大厝院內有一座清光緒皇帝御賜「樂善好施」聖旨碑。

▌三落大厝屋頂代表尊貴地位的燕尾脊。

觀稼樓

觀稼樓當年從二樓露天平台可遠眺田園農夫耕種，可以遠望至觀音山下整片田園。樓前方有八角形門洞及海棠池，曲線的石欄及拱橋搭配設計的十分生動。觀稼樓附近有一個梅花亭飼養觀賞的孔雀。

汲古書屋

汲古書屋是藏書及讀書的地方，是一座三開間帶有軒亭的建築，前後都是簡潔大方、通風良好、出入方便的格扇門窗，屋前之軒亭造型華麗。

方鑑齋

方鑑齋是昔日書房，也是文人墨客吟詠的地方。方鑑齋的遊廊壁上有抄寫朱熹白鹿洞學規的字跡。方鑑齋前面的水院中間設有戲台，與方鑑齋前的看台為對坐的亭閣，水院周圍則環繞屋舍、迴廊、曲橋與假山，把庭院之美表現得淋漓盡致。

林家花園平面圖

▌板橋林家花園昔日書房方鑑齋。

▌板橋林家花園聖旨碑。

認識宅第

來青閣

來青閣為昔日招待貴賓的客廳及客房,可以俯瞰橫虹臥月的虹橋與定靜堂間的花園。沿著迴廊的牆面雕有清道光年間周凱題的「朱子讀書樂詩」。閣的兩側有以花牆區隔的庭院,閣前有一座一戲亭「開軒一笑亭」,正中置放螭虎團爐太師壁,區隔「出將」、「入相」,可以演戲招待賓客。

橫虹臥月

橫虹臥月為分隔前後花園的弧形陸橋,橋面形狀如虹,下方拱形門洞如半月,這個可以營造出層次感並隱蔽後花園的設計是園林設計常見的方法。橫虹臥月橋下是珊瑚礁砌成的通道,可以連接回觀稼樓。

▌分隔前後花園的橫虹臥月。

▌招待貴賓的來青閣。

林家花園內豐富多樣的漏窗。

漏窗

漏窗又稱花窗,是林家花園裡的特色之一。漏窗以優美的造型、通透的視線,使牆兩側的景物若隱若現,是傳統園林造景的藝術。板橋林本源園邸的多樣而優美的漏窗,是台灣宅院的經典。

板橋林本源園邸漏窗多取材象徵富貴吉祥的圖案。有吉祥器物的圖案,如方亭及橫虹臥月的瓶形窗、香玉簃的雙錢形窗;有吉祥動物的圖案,如定靜堂的蝴蝶、蝙蝠形窗;有吉祥植物的圖案,如來青閣的佛手瓜、蓮花、蓮葉窗及觀稼樓的南瓜、橘、桃、石榴窗;有意象吉祥圖案,如香玉簃的十全漏窗、橫虹臥月的如意形窗等,板橋林家花園的漏窗可以說是美不勝收。

認識宅第

月波水榭

月波水榭是漂浮在海棠形的水池上的雙菱形賞月水榭,有小橋與岸邊相連,形似一艘泊於岸邊的小船,水榭右側有額題「拾級」的迴旋石階,順著樓梯可以登上屋頂平台。

香玉簃

香玉簃前面為花圃,是遊憩觀賞花卉的地方。周圍許多曲廊、假石及花台花季時百花爭艷,美不勝收。

榕蔭大池畔的庭院景緻。

定靜堂

定靜堂是林家花園裏園中最大的建築物,是舉行盛大宴會迎賓的地方。定靜堂是四合院格局,中間入口是重門穿廊,層次有序地進入正廳。

榕蔭大池

榕蔭大池池畔有假山及梅花鄔、釣魚磯、雲錦淙等不同形狀的亭子,巨大的榕樹伴隨寬敞的池面,極富園林庭院的情趣。

見證台灣歷史的霧峰林家

霧峰林家祖籍漳州，清乾隆十一年（1746）林石渡海來台灣定居，到第三代林甲寅遷居阿罩霧（霧峰），到第四代分成兩房，長子林定邦一系所建的大宅稱為下厝，建於清同治元年（1862），次子林奠國一系所建的大宅稱為頂厝，建於清光緒年間，林奠國子林文欽於清光緒十九年（1893）中舉，為孝順娛樂其母，在頂厝後側建造「萊園」。至此林家花園完成今天所知的下厝、頂厝及萊園三大部分。林家花園經過九二一大地震多所毀壞，大肆整修後目前保存尚稱完整。

▌萊園裡的木棉橋。

頂厝

頂厝包括有景薰樓、蓉鏡齋、新厝、頤圃幾棟建築，頂厝精緻華麗，是文人官宦的建築風格。

下厝

下厝建築群有草厝、宮保第、大花廳、二房厝及廿八間，建於清同治年間。下厝氣派宏偉，是武將的建築風格。林文察當年帶兵駐紮的軍營廿八間目前已不復存在。

▌霧峰林家花園。

景薰樓入口兩層歇山式門樓。

景薰樓

景薰樓是三落四進護龍不對稱的合院建築，入口有兩層歇山式門樓，前有軒亭。中央穿心廊，可以依序進入後方第二、三落。第一落是左三右二護龍，右邊二棟護龍延伸建築至第二落。第二落左邊沒有護龍，設有遊廊連接進入第三落。第三落是重脊燕尾屋頂的二層樓建築，搭配左右護龍，地勢較一、二落為高，是景薰樓建築群完美的收尾。

蓉鏡齋

蓉鏡齋為紅瓦土埆磚造的三落三合院建築，原為林奠國的住宅，清光緒年間林文欽改建為書院教育家族及附近子弟，兩側護龍為學生讀書起居的地方，屋前有仿孔廟之半月池。

林獻堂為紀念祖先戰功立的鐵砲碑。

頤圃

頤圃原為頂厝林家穀倉及客房，在日治明治三十九年（1906）修建為宴客場所，庭院中遍植花木，頤圃的建築屋頂是日式黑瓦搭配中式歇山設計，左右亭廊採日式木構搭配，整體是中日合璧的建築，反映了時代的特色。左廂房為演奏空間，右廂房為宴客空間。

新厝

新厝是林文鳳一房的建築，包括有尋芳園、孔雀寮、水池、花園等空間。

景薰樓內石刻的名家詩文。

萊園裡的小習池。

▌萊園裡飛觴醉月亭。

有精緻戲台的大花廳

大花廳是面寬五開間的三落宴會廳，中落為過廊，從兩側的月門進入後落中庭的精緻戲台，後落的兩側的護龍就成為觀戲的廂房。

二房林文明的將軍府

二房厝現名將軍府，是二房林文明家族居所，林文明官賜建威將軍，因此二房厝正名為將軍府。二房厝為三落五進建築，建于同治年間。

▌霧峰林家花園精美的斗栱裝飾。

全台四大名園之一的萊園

萊園是全台四大名園之一，在目前明台家商校內，原為一依山傍水的自然山水園林，園中建築風格中西合壁，目前已經多所毀壞，但是從「木棉橋」、「萊園入口」、「石頭公」、「五桂樓」、「飛觴醉月亭」、「林竹山夫子頌德碑」、「鐵砲碑」、「櫟社紀念碑」、「林文欽像」、「林家古墓」、「荔枝島」、「小習池」、「夕佳亭」及「萊園一家石」等景點，還能領略過去園林建築的一些風韻。

▌萊園裡的社公祠。

霧峰林家的歷史地位

霧峰林家在十九世紀之後，在台灣的歷史上就有
舉足輕重的角色，林家曾派家丁參與平定太平天
國立有戰功，也協助清朝弭平戴潮春之亂，在中
法戰爭中也退敵有功。日治時代，林家的林獻
堂在日治大正十年（1921）和蔣渭水成立推動
台灣新文學運動的「台灣文化協會」，林獻堂

1921年推動台灣新文學運動的台灣文化
協會在大花廳舉行首屆理事會。

還參與具批判精神的詩社櫟社、在日本成立推動台灣社會改革的「新民會」、創辦
「台灣民報」及推動台灣民眾黨等，對台灣當年的民主與文化發展有重大影響，林
獻堂因此被稱為「台灣議會之父」。台灣光復後，霧峰林家在台灣金融界仍有重要
地位，台灣的彰化銀行就是霧峰林家在金融界的核心。

宮保第

下厝的宮保第是光緒皇帝紀念林文察的戰
功所賜的官式建築，為面寬十一開間的回
字形四合院五落大厝，前三落兼做官衙使
用，第四進與第五進中間是廊院及穿心亭
將庭院從軸心分成兩個獨立空間。

宮保第裡珍貴的墨寶。

認識宅第

新竹鄭用錫古墓

認識古墓

受閩南文化影響的台灣古墓

死亡是人生大事，也是世人無分貴賤的必然結局。台灣大部分人民的喪葬思想受閩南文化的影響很深，除了考古發現的早期南島民族古墓之外，現今留存的土葬墳墓也留下許多閩南文化的痕跡。

平的是墓、隆起的是墳、帝王的稱為陵

在古代漢人的習俗裡，墳墓是不同的形制，埋葬後地面是平的叫墓、埋葬後地面隆起的是墳、大的墳叫塚、埋葬帝王的地方則稱為陵。但是現代人把埋葬死人的地方都稱做墳墓。

官宦的墳墓有墓道石雕

古代閩南喪葬文化是漢文化的延伸，基本遵循漢文化科舉制度的制約，有一定規則，不同地位的人有不同的墳墓規格。只有做官的人，墳墓前方的墓道可以擺置幾對石人、石獸，官品越大，依規定可以擺置的石人、石獸約多，最高階的正一品官可以有石望柱、石虎、石羊、石馬、翁仲各一對，三品以下依官階遞減，不能僭越，台灣現存的古墓中，級別最高的是嘉義的王得祿正一品的古墓，墓道上就有石望柱等石雕各五對。

台南大南門吳尚新古墓。

淡水馬偕墓園。

▌新竹鄭用錫古墓與石像生。

古墓也是藝術遺產

每一座古墓，都有一段歷史故事。墳墓不僅承載主人的遺骨，也追訴著塵封的歷史歲月。此外墳墓也是往往也是藝術作品，在楹聯、碑文書法、雕刻及彩繪上常常可以見到藝術價值很高的作品。

▌新竹鄭用錫古墓前的石文翁仲。

現存古墓的故事背景

現存的台灣古墓，成為古蹟保存的，當年墳墓的主人都是歷史故事，依據墳墓主人的背景，古墓大致可以分成以下幾類：

宦宦仕族類，如陳永華墓、王得祿墓、明寧靖王墓、鄭用錫；

拓墾先鋒類：如林圮墓、吳沙墓；

豪門世族類：如辜顯榮墓、吳鸞旂墓、陳中和墓；

義民烈女類：如五妃墓、義民塚、滬尾湖南勇古墓；

外籍人士類：如馬偕墓、基隆法軍公墓；

傳奇人物類：如飛番墓。

▌新竹鄭用錫古墓紀念碑。

古墓的形制

台灣古墓多是傳統閩南形制，以墓塚為中心，墓碑前兩側有墓手，由小而大呈環抱狀延伸向外，墓前方有墓庭及墓埕，有官品地位的墓還會設有墓道及成對的石象生。

墓手（寶城）

墓庭

墓庭是墓碑前方由兩側墓手圍繞而成的空間，主要配置有墓碑、肩石、墓手、供桌等。

墓埕

墓埕為墓庭前的寬闊區域，有官品者還可以設置墓道，在墓道兩側設立成對的石象生，除彰顯墓主生前的地位外，也有護衛的隱喻。台灣地區現存有石象生的古墓有新竹市鄭用錫墓、苗栗後龍鄭崇和墓及嘉義六腳的王得祿墓。

墓道碑

在墳墓最外面的墓道入口所設立的石碑，藉以指引墳墓所在，也用來記載墓主身分及生平事蹟。

墓塚

墓塚是埋葬的地方，下方有深達數公尺放置靈柩的墓穴，表層覆土後隆起如龜甲，又稱墓龜。墓塚外圍有時會順坡築一道矮牆，牆邊緣有細條排水溝防止墓塚積水。

苗栗鄭崇和古墓。

古墓的雕刻。

苗栗鄭崇和古墓墓手柱頭的雕刻。

肩石

肩石是陪襯在墓碑兩側的石塊，用以裝飾並堅固墓碑，表面常雕有花飾。

石供桌

在墓碑前石材雕成的供桌，陳放祭品、香燭、鮮花使用。

墓手

墓手是墓碑前兩側以階梯狀向外曲折延伸的矮牆，又稱為「寶城」，由內向外，以內小外大次序成環抱狀，在轉折處會有石柱，柱頭常裝飾有龍、鳳、獅、象等吉祥物。

皇清 覃恩誥贈奉政大夫禮部員外
郎 晉贈通奉大夫奉 旨入祀鄉賢
祠詔養鄭 先生暨 德配
太 宜人 晉贈夫人恭懿陳夫人神道

苗栗鄭崇和古墓的墓道碑。

墓碑

墓碑是墓塚前方的石碑，以堅厚的石材刻上墓主的姓名、官銜、祖籍、生辰及立碑的後代子孫姓名等，墓碑多半是陰刻的宋字體或明字體。台灣清代官吏的古墓墓碑上，一般會有象徵權貴的雕飾及皇清字樣。

清朝官品最高的王得祿墓

建於清道光二十四年（1844）的王得祿墓位在嘉義縣六腳鄉，目前為國定古蹟。王得祿墓是傳統閩南式格局，墓的制式是依照「大清會典」的規定建造，王得祿過世前官至太子太保，為從一品官銜，所以是清朝時台灣官品最高的古墓，也是目前台灣地區規模最大、保存最完整的古墓。

平定林爽文之亂的王得祿

王得祿，為諸羅縣溝尾莊（今嘉義太保）人。生於清乾隆三十五年（1770）。乾隆年間林爽文之亂，王得祿招募勇兵，協助福安康平亂，因協助收復諸羅有功升任千總。嘉慶年間因平定海盜蔡牽及朱濆有功，升任福建水師提督、浙江提督。清道光十八年（1838）加封太子太保，官從一品。清道光二十一年（1841）鴉片戰爭期間病逝於駐防地，清廷追贈伯爵，加晉太子太師銜，諡果毅。

■ 王得祿古墓前的石馬。

■ 王得祿古墓全景。

三曲手格局的王得祿墓

王得祿墓是以墓塚為中心的三曲手格局，墓前有墓庭與墓埕。墓碑後築有墓岸，兩側墓手的石柱上，依次雕有石龍、石鳳、石獅、石象等，墓埕前方立有石翁仲、石馬、石羊、石虎四對石象生。王得祿墓的碑石及雕飾均為白色花崗石石材，顯得高貴而肅穆。

碑首雙龍護皇清的墓碑

王得祿墓是圓首的墓碑，在碑首上雕刻雙龍護「皇清」，碑文勒書王得祿墓的官銜「誥授建威將軍晉加榮祿大夫歷任福建浙江提督二等子爵世襲贈伯爵太子太師賜諡果毅顯考王公」，連串的官銜可以看出墓主在世時的顯赫地位。

石象生

依古制，官員之墓可以設立石象生。石象生是用大石材雕刻成的人物、動物或望柱，除了可以彰顯墓主生前的地位外，也兼有護衛墓主的意思。石象生裡的翁仲通常是一對穿明代官服的文武官，文官居左，神情儒雅，武官居右，氣勢威武；石獸以石馬、石虎、石羊較常見，立姿的石馬為墓主坐騎，蹲勢的石虎有辟邪作用，跪踞的石羊象徵吉祥。豎立於墳墓最外面的石望柱為筆鋒朝天的石筆，代表文運，一般刻有對聯，記述墓主生前功績。

王得祿古墓前的武翁仲。

王得祿古墓旁后土的石雕。

認識古墓

最經典的古墓──鄭崇和墓

建於清道光七年（1827）的鄭崇和古墓位於苗栗後龍的龍坑里，是鄭崇和次子鄭用錫所建，目前保存完整，墓座石雕精細，是台灣保存最完整的古墓之一，目前列為國定古蹟。

父以子貴的鄭崇和

鄭崇和，金門人，生於清乾隆二十一年（1756）。十九歲隨父來台拓荒，初居苗栗後龍，致富後搬遷到新竹。鄭崇和一生從事公益，「開台進士」鄭用錫為其次子，父以子貴。鄭崇和卒於清道光七年（1827），享壽72歲，葬於後龍。後來清廷誥封中憲大夫、晉封通奉大夫及鄉賢，賜造官墓。今日所見的鄭崇和古墓，是同治六年（1867）重修的，其妻陳太夫人同穴合葬。

鄭崇和古墓是官墓規格

鄭崇和古墓是清朝二品官墓規格，前有文武翁仲、石馬、石羊、石虎、石望柱各一對，石望柱以正楷刻有「恩受榮封更享松榆俎豆、慶餘積善己著蘭桂科名」對聯，表彰鄭崇和的生平功業。 墓園入口有墓道碑，記載墓主鄭崇和及夫人的官銜身分。

▌鄭崇和古墓前的石望柱
（右）與旗桿座（左）。

▌鄭崇和古墓前的武翁仲。

鄭崇和古墓的價值

崇和墓園是以清朝官制建造的從二品墓園，莊嚴氣派，雖然歷經百餘年，但在子孫不斷掃墓祭拜下，保存完整，是台灣少數有墓道碑、完整配對石象生的古墓。

新竹鄭用錫古墓。

新竹鄭用錫古墓

位於新竹市的鄭用錫古墓，建於清同治八年（1869），是清制從二品的官墓。鄭用錫是台灣第一位科舉的進士，號稱「開台進士」。鄭用錫古墓目前也是國定古蹟，與鄭崇和古墓同樣珍貴，父子的墓園都被保存成為國定古蹟也是台灣唯一的。

鄭崇和古墓的墓道碑。

鄭崇和古墓前半蹲的石獅。

認識古墓

鄭崇和古墓前的文翁仲。

貢寮草嶺古道雄鎮蠻煙古碑

文字刻在石材上稱為「碑」

碑是把文字刻在石材上的文告、紀念物或標記物，包括刻石、摩崖和墓碑等幾種形式。但是在先秦碑並不是用來紀錄文字的工具，在春秋時期貴族就會立石柱在宮廷或廟前，當做測時間的日晷或是用來栓祭祀用的牲口，這就是最早的碑。戰國時期，貴族下葬時，棺木要用滑車及繩索放進墓穴，碑是裝滑車的支架，葬禮結束後有的碑石就留在墓地。後來為了紀念被葬的先人，就開始在碑石上刻紀念的文字。漢代以後開始有在石材上雕刻文字以作為文告、紀念物或標記物的碑。早期石頂平直、正面長方形的石刻稱為碑，石頂圓弧形的稱為碣，唐李賢注解的《後漢書》記載：「方者謂之碑，員者謂之碣」。但是後代都不分統成為碑。

碑有保留文字的多種功能

碑是把文字刻在石材上，有長久保存的特性，所以碑的功能有許多種，如記載某些人的功勳、德行、政績；宏揚特定的宗教、哲學、文學理念；公告政府的法令、疆界；紀念水利交通設施的興建；記錄慶典或民俗活動；甚至是鎮妖魔、避邪穢等。

見證歷史的碑碣

刻在碑碣上的文字，比書紙文字更容易保留下來，因此常常可以用來佐證一些歷史事件或時代風貌。如在台南赤崁樓的乾隆御碑是紀錄了清乾隆五十三年（1788），陝甘總督福康安平定林爽文之亂後，乾隆皇帝以滿、漢文御賜的詩文表彰戰功刻製的石碑。

長方扁形碑身的石碑

橢圓形碑身的石碑

四面柱狀碑身的石碑

具有珍貴書法價值的碑碣

台灣的許多碑碣是當時的知名文人或書法家的傑作，具有珍貴的書法價值，如台灣鎮總兵劉明燈在清同治六年（1867）以狂草體書刻的貢寮「虎」字碑及行書體書刻的「雄鎮蠻煙」碑都是書法傑作，劉明燈在當時就是知名的書法大家。

文采卓絕的碑碣

台灣的許多碑碣是記錄孔廟、庭園、書院及寺廟的落成，碑文多出自當時名家之手，文辭流暢、詞藻豐美，是文采卓絕的作品，如陳永華於清嘉慶五年（1800）為李茂春住處題寫的夢蝶園記碑，以莊周夢蝶情境描寫其室曰「夢蝶處」，文辭雋永、意境飄逸，是文采卓絕的碑碣的代表。

描繪建築風貌的碑碣

台灣有些碑碣把古代保存不易的建築圖刻畫保留下來，使後代得以豹窺昔日建築原貌。如赤嵌樓陳列的「軍工廠圖」碑及「重修城隍廟圖」碑，把當時的建築平面圖及透視圖刻劃下來，成為可以描繪當年建築風貌的珍貴建築圖例。

反映舊時社會民俗的碑碣

台灣有些碑碣記載著官方的命令，可以從這些記載命令的石碑中，看出當時社會的民俗及現象。如各地孔廟的「下馬碑」可以看出清朝政府對孔廟的尊重，如台南府城大南門的「農商負販，車牛往來，不許兵役勒索」示禁碑，反映出當時吏治陋習的現象。

▌台南市大南門碑林。

認識碑碣

方尖柱形碑身的石碑

角椎狀碑身的石碑

摩崖石刻

碑首、碑身與碑座

碑的形式很多，有如貢寮草嶺古道上「雄鎮蠻煙」碑的摩崖石刻，也有各種形狀的石碑，但是常見的碑制外觀，仍以豎長形為主，以外形結構看，可以分成碑首、碑身與碑座三大部份。碑身的正面稱碑陽，背面稱碑陰，而一般主要文字多刻於碑陽之上。

碑首

碑陰

碑陽

碑身

碑側

碑座

碑碣的形制

碑身是石碑刻字的主體

一般的石碑把字刻在碑身上，碑身的形狀以長方形為最常見，但也有柱形、橢圓形、甚至刻在壁山崖或大石塊上的摩崖石刻。碑身正面稱碑陽，反面稱碑陰，一般碑文多以凹字的陰文刻在碑陽上。碑陰或不刻字，或是延續碑陽未完的文字，或是記錄建碑的人與過程等。但中國歷史上有一個例外——女皇帝武則天之碑，史稱無字碑。傳說立無字碑的原因，是武則天的評價太過爭議，碑不書寫文字留給後人自己去想像。

▌鳳山曹公祠碑林的各種石碑。

碑首有圭首、圓首、方首三種

碑首的形狀很多樣，常見的有圭首、圓首、方首三種。長條形的碑上方圓形為圓首；上方方形為方首；上方是尖形或方形去角的多邊形為圭首。古代五品以上的官吏墓碑還有多層圓形重疊的螭首石碑，但是在台灣很少出現這種官宦的石碑規格。

認識碑碣

方首石碑

圓首石碑

圭首石碑

碑文一般包括碑銜、正文、落款

古代的官府或地方士紳領袖所立的碑碣，往往有明顯的碑銜，記述立碑者的官銜或身分，碑的正文則多寫在碑陽上，若碑陽寫不下，則會轉寫於碑陰。落款則多是書刻立碑的時間。

有字的碑首稱之為額

碑首是在碑的頂部，有的以龍、螭、虎、雀或花紋造型作為裝飾；也有只有幾何形制沒有裝飾的。有的有字，有的沒有字，碑首有字的稱之為額。

碑首雙龍拱皇清的紋飾

碑首麒麟拱皇明的紋飾

碑首翁仲拱日的紋飾

碑首太陽的紋飾

碑首團龍的紋飾

碑首雙鳳伴牡丹的紋飾

龍子馱石為碑座的最高等級

碑座或稱趺座，原本是支撐石碑的功能，但後來也有裝飾或彰顯立碑人權勢的作用。常見的型態有方座、梯形座及最高規格贔屭座，也有人稱為龜趺座。贔屭傳說是龍子，貌似龜，能負重物，所以可以保障石碑的穩固，但是古代使用贔屭碑座的規格是在一品官員及皇室，台南赤崁樓的九塊乾隆御賜石碑就是贔屭碑座的經典。

▌台南市赤嵌樓贔屭御碑。

龜趺座的石碑
（慈濟宮白礁亭碑記）

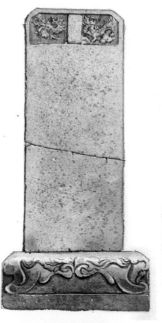

方座的石碑
（重修彰化縣學碑記）

嵌在牆上的石碑
（重興總趕宮碑記）

認識碑碣

山巔市井，碑碣無所不在

台灣古代的碑碣因為立碑的目的不同，碑碣也到處可見，有在廟宇的落成紀念碑、書院的勉勵勸學碑、城門的示禁碑、郊外官宦富賈的墓碑，甚至在山林野地開荒的避邪碑，可謂無所不在。

保存故舊石碑的碑林

一些年代久遠的碣碑因故無法在保留原地，為了保存這些可能散失的碣碑，政府或民間會將這些散落各處的碑碣集中一起陳列成為「碑林」。如大台南赤嵌樓的碑林與台南大南門的碑林都保留了許多百年以上的碑碣。

位於寺廟祠堂的碑碣

寺廟祠堂新建或重修落成後，往往立碑以為紀念，在台灣的老寺廟裡，有許多百年以上歷史的碑碣，如清道光年間的鹿港龍山寺「重修龍山寺記」碑、乾隆年間台南府城隍廟的「重修台灣府城隍廟碑記」等。也有些老的碑碣因為歷史原因被寺廟保留下來，如台南大天后宮所存施琅的「平台記略碑記」、「靖海將軍侯施公功德碑記」兩座古碑。

位於交通要道的碑碣

古代有時以碑碣作為示禁的公告牌，為廣為周知，這些示禁碑常常立在交通要道，如原來在台南大南門的「大南門菜市埔示禁碑記」、原來在台南大東門的「嚴禁惡習碑記」。

位於書院學校的碑碣

台灣的孔廟或書院有許多古代的碑碣，有的是作為學規，有的是記載建校歷程，有的是作為勉勵學生的格言。如台南孔廟的「重修台灣府孔子廟學碑記」、彰化孔廟的「重新彰化縣學碑記」、乾隆年間的台北泰山明志書院的「興直保新建明志書院碑」等。

位於園林宅第的碑碣

在古代台灣的富貴之家有興建大型園林宅第的趨勢，而這些精緻的建築裡，往往有托物明志或頌讚景色的石碑傳於後世。如原存台南民族文物館內的台灣府知府蔣允焄所立的「鴻指園記」、如現存台南法華寺的「夢蝶園記」等。

■ 貢寮草嶺古道的虎字碑

台南市赤崁樓贔屭御碑。

位於水利橋樑的碑碣

台灣有很多碑碣是立在圳道、橋樑、渡口等水邊，或紀念工程的艱辛，或宣示水利的功能。如存在苗栗苑里順天宮的「房里溪官義渡示禁碑記」、現存台南大南門碑林的「重興安瀾橋碑記」、鳳山曹公廟內的「曹公圳記碑」等。

貢寮草嶺古道的雄鎮蠻煙碑。

位於墳墓塚地的碑碣

碑碣用在墳墓塚地是自古的傳統，在台灣也留存了許多這一類的碑碣。如台南大南門碑林保存的清太子太保王得錄等立的「殉難義塚碑記」、保存在台北市士林惠濟宮的清道光年間「芝山合約碑記」等。

位於山野田間的碑碣

在先民開墾蠻荒的年代，常常在山野田間立碑碣以震懾鬼魂或趨吉避凶。如在台北草嶺古道的「雄鎮蠻煙碑」、「虎字碑」以及台灣各地及澎湖鄉間常見的石敢當碑。

台南孔廟前的下馬碑。

拓碑DIY

拓碑乃是將紙張附於碑石上，將碑上的文字圖案描印下來，以供觀賞、保存及研究使用。過去的許多碑文乃出自名家之手，無論就保存文史資料或書法藝術來看，把碑碣拓印下都是很有價值的工作。台灣近些年來有些對文化資產保存有興趣的民眾，學習以DIY方式進行拓碑活動，使得拓碑已不再是遙不可及的專家工作。

拓碑的步驟
一、準備拓碑的工具：

拓碑要準備的工具有白芨水、拓包、刷子、墨汁、宣紙、清潔用的抹布、裝墨汁的托盤、裝白芨水及墨汁的瓶子、噴槍、美工刀、鐵捲尺等

白芨水

白芨是中藥，在中藥行買得到，白芨磨粉用水稀釋煮過後，會有像膠水一樣的黏性，但是使用在紙張時比膠水容易撕開，用來固定拓碑的紙張。

▋白芨。

托盤　　白芨水　　噴槍　　美工刀　　抹布　　鐵捲尺　　刷子　　墨汁　　拓包

拓碑要準備的工具

▋拓包。

拓包
使用棉布包木屑綁成手掌大小的布包，用來沾墨汁以拓印碑面，最好多準備幾個交替使用以均勻墨色。

刷子
油漆用的軟毛刷—用來上白芨水及上紙；硬毛刷—用來敲打宣紙，使文字凹入；滾刷—用來滾平拓印的紙張。

二、清潔碑碣

一般的碑碣都是歷經歲月風霜的遺蹟，拓碑前應該要清理乾淨，避免灰塵帶來的工作障礙。

三、裁紙

以捲尺良好要拓的碑碣面積，以美工刀裁好合適大小的宣紙準備上紙。

四、上紙

先在要拓的碑上均勻刷上一層白芨水，把裁好的宣紙對準四角，然後用軟毛刷由上而下、由中而左右刷平宣紙，使宣紙與碑面密合

五、敲打

用硬毛刷小心敲打上好的宣紙，使全部文字能均勻凹入。

六、準備上墨

上墨時雙手各拿一個拓包，左手拓包沾墨汁，右手拓包揉搓左手拓包，使兩個拓包平面均勻上墨，並在備用的宣紙，試看看墨色是否均勻。

七、開始上墨

使用拓包開始上墨，拓碑時拓包必須拿正，由上而下、由左而右依序密集上墨，直到全部碑面都上色完畢。

八、再次上墨

為防止第一次上墨不均勻，可以遵照步驟七再上一次墨。

九、取下

在拓本八至九分乾時，把拓本小心取下，攤平放置，使其自然乾燥，至此拓碑大功告成。

完成的拓本

台南安平億載金城

認識城郭關塞

台灣的築城歷史

台灣早年因為地處海角一隅，在清朝之前沒有漢人建造的城池，最早的城池是荷蘭人於西元1624年建造的熱蘭遮城（今安平古堡）及西元1653建造的普羅民遮城（赤崁樓）。鄭成功打敗荷蘭人後以熱蘭遮城為其居所，名為安平城。清朝派施琅打下台灣後，雖然設置了一府三縣，但怕台灣成為反清陣地，初期實施不築城政策。重要聚落地以周圍插植刺竹為簡易城牆。清雍正初年清廷察覺建城防盜的重要，才開始陸續建築土城或磚城，當時台灣有三府十六州縣廳，大約有三分之二的地方在雍正年間完成了城垣的建築。這些古城的城牆及城門，在日治時代推動市區改正時，大部分都遭到拆除的命運。

▌新竹東門─竹塹城迎曦門。

▌在左營的鳳山舊城。

▌乾隆年間安平城圖─改繪自故宮珍藏的台灣地圖。

日治時代台北城西門。

日治時代台南東門。

台灣各地建城的時間表

根據地方志與連橫台灣通史的記載，台灣各地初期土城或磚城的完工時間大約如下：

熱蘭遮城	西元1624年
普羅民遮城	西元1653年
鳳山舊城	清康熙六十一年（1722）
諸羅城	清雍正五年（1727）
竹塹城	清雍正十一年（1733）
彰化城	清雍正十二年（1734）
台南府城	清乾隆元年（1736）
鳳山縣城	清乾隆五十三年（1788）
噶瑪蘭城	清嘉慶十七年（1812）
恆春城	清光緒五年（1879）
台北城	清光緒十年（1884）
媽宮城	清光緒十五年（1889）

改繪自《台灣府志》的「赤崁夕照圖」。

認識城郭關塞

以防禦戰爭為主的古城配置

台灣的古城當初建築時主要的考慮都是防禦戰爭，所以建城的主要設施都是以容易防守為考慮重點，一般古城的建築體有城牆、護城河、城門、砲台等結構，以兼顧到防禦、敵情觀察、交通等各種機能。

甕城　馬道　城門　卡房　城垛　城牆　踏道

護城河

圍繞城牆建立的護城河，以挖深的壕溝具有阻絕敵人進攻的效果，護城河有水的叫池，無水的稱隍，在城牆地下有水關作為護城河和城裡下水道連接的出入口。

城牆

城牆是城的主體，肩負觀察敵情、防衛及火力攻擊的責任，所以城牆一定要堅固、高聳、厚實，城牆外一般建有護城河以增加攻城的困難度。

城門

城門是城內外交通的出入口。一般城門上會建有城門樓，作為駐軍營地及瞭望台，城門洞是全城最脆弱的地方，城門洞外有城門橋跨過護城河連接內外交通。

卡房

在城牆的轉角處有卡房，又稱窩鋪，是守城士兵居住的營社及武器庫房，也是駐軍面向城牆兩面的瞭望所。

甕城

有的大城，為加強城門的防禦能力，會在城門外建甕城，以從城門延伸出的城牆建築建立城門進出的緩衝空間，甕城的城門一定不在主城門的直線通道上，以增加進攻的困難度。甕城一般沒有居民。

砲台

在城牆上平均分佈有較寬闊的砲台，又稱馬面，作為火砲武器的陣地，也使得城牆上能組合出立體交叉的火網，加強城牆防禦的能力。

馬道

城門上會設有城門馬道，供守城士兵上下城牆使用，城牆上的城牆馬道則是供城牆上的士兵防守、往來交通的通道。

城垛

傳統的城牆最明顯的特徵就是城垛，是城牆上規律起伏的鋸齒狀防禦建築工事，城垛又稱雉堞，在凸起的牆面上有射擊孔，供士兵觀察及射擊使用。

踏道

城門邊會設有踏道，供守城士兵上下城牆使用。

認識城郭關塞

台灣古城的種類

台灣古城的種類依功能性分類，可以分為官方建造的城池、軍隊駐紮的碉堡、民間防衛的堡及客家庄的柵門。依建築材料分類，有木柵城、刺竹城、土城、三合土城及磚石城。

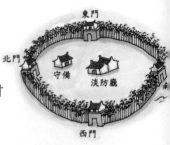

官造的城池

台灣現存官方建造的古城，都是清朝的遺跡，清朝官方建造的城池，是政治、文化、經濟、考試、信仰各種機能具備的地區中心，分為省、府、縣、廳四個等級。

軍隊駐紮的城堡

台灣保留下來的軍事城堡，多是西班牙人、荷蘭人和明鄭時代建築的軍事基地，以防衛、軍事為主，一般的軍事城堡都有砲台、倉儲等軍事建築。

民間防衛的城堡

早年台灣民間為防止土匪、蕃民進犯，或是防衛氏族械鬥，多會建築城堡自衛，目前台灣很多如柴城、土城、木柵、頭圍等地名，就有古時防衛城堡的痕跡。

木柵城

清初的台灣因為木柵城成本便宜，所以在地方建立了一些木柵城，如清雍正年間台南建立木柵城，到清乾隆五十三年（1788）林爽文事件後因為木柵城防衛功能簡陋，改建為土城，目前幾乎看不到木柵城的遺跡。

刺竹城

刺竹是台灣特產，因為生長密集、樹幹高大、竹節有刺，可以阻礙敵人進攻，所以先民會在城堡四周種植刺竹作為地界，以防衛安全，是為刺竹城，台灣有些竹圍的地名，就因此而來。

土城

木柵城、刺竹城因為容易著火，不夠堅固安全，有的地方會以建築土牆來取代，這些土牆建築的土城比磚牆便宜，又較堅固，所以在民間是常見的築城方式。

▌木柵城─康熙43年的諸羅城。

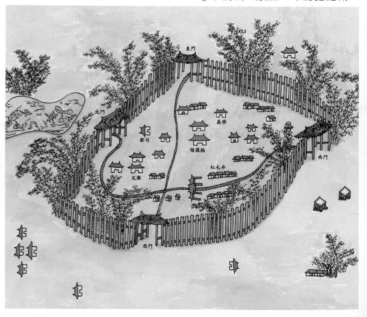

▌三合土城—恆春古城三合土城牆。

客家庄的柵門

為了防禦原住民與閩人，客家庄在外圍通路要點設立像城門的柵門，有警戒、守護的功能，目前屏東六堆地區、茄冬有保留下來部分古蹟。

▌佳冬客家庄的柵門。

三合土城

林爽文事件後有些城池改以三合土為主要建材，這種以泥沙、石塊、牡蠣結合糯米糖漿做粘合劑的建築較為堅固結實，目前保留下來恆春古城、台南古城都是三合土建築。

▌磚石城—昔日台北西門旁磚石城牆。

磚石城

以紅磚或石材作為築城材料的磚石城，是台灣古城建築裡最堅固的一種，做工較為精細美觀，堅固耐用不易倒塌。由於日本人統治台灣後大規模拆除城牆，所以保留下來的磚石城古蹟很少。

光緒十年完工的台北城

清同治十三年（1874）發生牡丹社事件，清朝喪失琉球宗主權，因此開始加強台北的防務，次年清光緒元年（1875）清朝批准了福建巡撫沈葆楨的「台北擬建一府三縣」的奏摺，正式成立台北府。其後在福建巡撫岑毓英、台灣知府陳星聚與台灣兵備道劉璈合作下，台北城於清光緒八年（1882）年開工興建，在清光緒十年（1884）完工。

台北城的地點與方位

台北城建城時，建城地點是一片水田，但是為避開原來安溪人、同安人相互對立的艋舺與大稻埕區域，建城的地點因此選擇在兩地之間的田地新建，即今天台北市城中區的位置。台北城因為當初負責建築的知府陳星聚與兵備道劉璈都相信風水，所以台北城的方位不是正南北向，乃依地輿背山向水的理論，由東北向西南略微傾斜，據此既可以北面依托大屯山與七星山，又可以南面淡水河，但為維持正北向的建築軸線，城內中心軸線（今重慶南路）方位仍與北極星相接。

台北城的規模範圍

台北城是用石條建築的長方形城池，城高約5公尺、寬約4公尺，南北長約1,300公尺，東西長約1,000公尺。城牆的四境環繞在今天的忠孝西路、中華路、愛國東路與中山南路的路線上。共建有五座城門，東、西、南、北門及小南門。

光緒年間台北府淡水縣圖（改繪自台灣地圖總圖）。

▌昔日台北艋舺市街。　　　　▌日治時代的台北西門前。　　　　▌日治時代的台北東門。

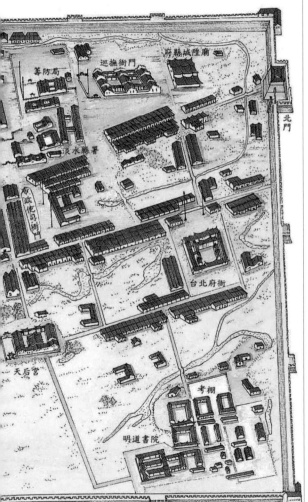

古台北城鳥瞰圖

台北城內的建築

清朝建立台北城之後，在城內陸續建築了許多政治與宗教的建築，包括文廟、武廟、聖王廟、城隍廟、天後宮、淡水廳、台北府、布政使、台灣巡撫衙門等。

台北城的古蹟保存

台北城的城牆實際存在的時間不到三十年。日本人佔領台灣之後，於日治明治三十七年（1904）拆毀了台北城的城牆及西門，後因為拆除西門引起民間反彈，所以日本總督府才保留下了未拆的其他四座城門，並將四座城門指定為史蹟。現今台北城的四座城門已被列為國定古蹟「台北府城」。

▌台北植物園裡台灣布政史司文物館。

認識城郭關塞

五座城門的台北城

台北府城的城門與城牆是清光緒十年（1884）建造完工的，當時共建有五座城門，東、西、南、北門及小南門。西門是「寶成門」、南門是「麗正門」、北門是「承恩門」、東門是「景福門」、小南門是「重熙門」。其中的西門在日治時代已經被拆毀。現僅存四座城門遺蹟。

台北城門位置

北門位在今天台北市忠孝西路、博愛路交叉口。東門在今天台北市中山南路、凱達格蘭大道交叉口。南門在今天台北市愛國西路、公園路交叉口。小南門在今天台北市愛國西路、延平南路交叉口。西門的遺址在今天台北市中華路捷運西門站三、四號出口間的位置。

東門「景福門」

東門原來是單簷重脊歇山式的屋頂、封閉的碉堡型城樓，外有甕城，屋簷下裝飾有空心花磚，兩側門孔旁有方形窗洞。但是民國五十五年被改建成北方宮殿式的建築，已非原貌。

西門「寶成門」

西門是由在艋舺的三邑人捐款建造的，由於艋舺的商號都很有錢，所以西門是當年台北城最華麗的一座城樓。原來的建築格局是重脊歇山式的頂屋、封閉的堡型建築，非常古典豪華，可惜在日治明治三十四年（1901）被日本總督府拆除了，現在西門原址僅存有『寶成門舊址』紀念石碑。

南門「麗正門」

南門是台北城的正門，也是台北五座城門中最大的，城樓是

■ 日治時期台北大南門。

封閉的碉堡型建築，有重簷重脊歇山式屋頂，在兩層屋簷間有空心花磚裝修。

■ 改建後的台北南門。

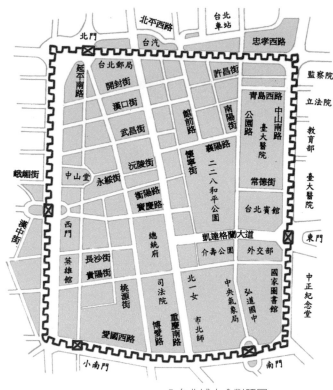

■ 昔日台北北門甕城的嚴疆鎖鑰城額。

■ 保存原始風貌的台北北門門樓。

■ 台北西門拆除後的景象。

■ 台北城古今對照圖。

北門「承恩門」

北門面朝北方淡水河門戶，是台北城的防禦重鎮，建有甕城。屋頂為四面屋坡的單簷重脊歇山式格局，城樓是封閉的碉堡型建築，城樓前後設有供防禦及偵察敵情的窗洞，是目前台北城保留最原始的城門。

■ 日治時期台北東門。

小南門「重熙門」

小南門是當年板橋林家花園林本源家族為便利板橋、中和方面的漳州居民出入所捐建。是五個城門中最小的一座，是樓閣形式的建築，像一座小廟。

■ 整修過的台北東門。

認識城郭關塞

防守北海岸的基隆砲台

基隆是台灣北部的門戶，也是防守北海岸的天險，自古軍事地位就非常重要，十六世紀以來，西班牙人、荷蘭人、清朝政府及日本人陸續建立砲台防衛海岸。目前基隆市保存較完整的砲台古蹟為：二砂灣砲台、獅球嶺砲台、白米甕砲台、大武崙砲台、與槓子寮砲台。

槓子寮砲台

槓子寮砲台是早年基隆最大之砲台陣地，到台灣光復後還有軍隊把守營區。砲台位於基隆東北方，在海洋大學、碧砂漁港後方的山上。砲座格局是一字型排開，有三座砲台，可以放置六尊火砲。目前營房只剩主體結構，屋頂已經毀損。

■白米甕砲台全景。

白米甕砲台

白米甕砲台位於基隆市中山區，為基隆港西岸的第一道防線。十七世紀荷蘭人來台灣時即已在此設置砲台，故又名荷蘭城。白米甕砲台為一字型排開的格局，並列有四座砲台，砲台左邊是指揮所，右邊是觀測台，砲台兩側有山險屏障，前方正對基隆港口，是個容易防守又可攻擊的砲台。

■槓子寮砲台營地的石階。

■台灣北部海岸形勢圖（改繪自風俗畫報台灣征討圖繪）。

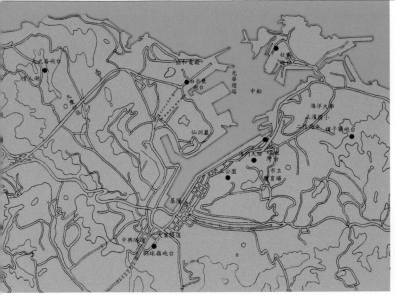

基隆地區炮台位置分布圖。

二砂灣砲台古砲。

獅球嶺砲台指揮所。

槓子寮砲台的營房。

白米甕砲台指揮所。

大武崙砲台的彈藥庫。

獅球嶺砲台

獅球嶺砲台是基隆最南端的砲台，位於北基高速公路隧道上，是劉銘傳建造的，目前為三級古蹟。獅球嶺砲台規模不大，但卻是防衛基隆、台北之間交通要道的制高點，獅球嶺砲台目前保留有石造指揮所一座及扇型炮機一座。

基隆港　獅球嶺　大武崙

認識城郭關塞

▌大武崙砲台的砲座。　　　▌大武崙砲台的營房。　　　▌大武崙砲台的避彈溝。

大武崙砲台

大武崙砲台位在基金公路大武崙山中，原是清道光年間所建，日治時代又重建。砲台的軍事設施比較現代化，有砲台、稜堡、營房、彈藥庫、觀測所、蓄水池等設施，營區四周有以花崗石砌成外垣的通道連通各陣地。兩個砲台原來共配備四門榴彈砲，負責防衛大武崙澳及萬里野柳。

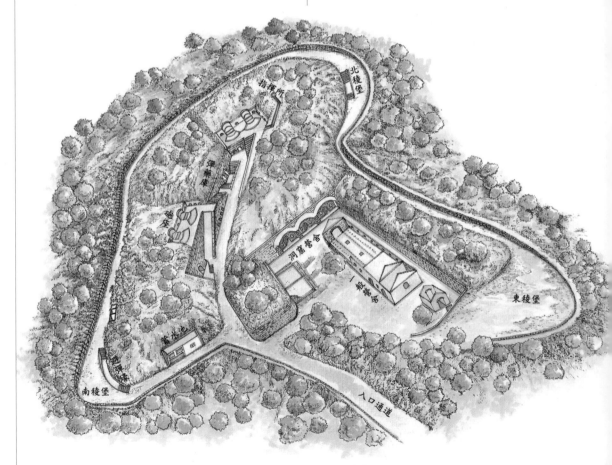

大武崙砲台鳥瞰圖

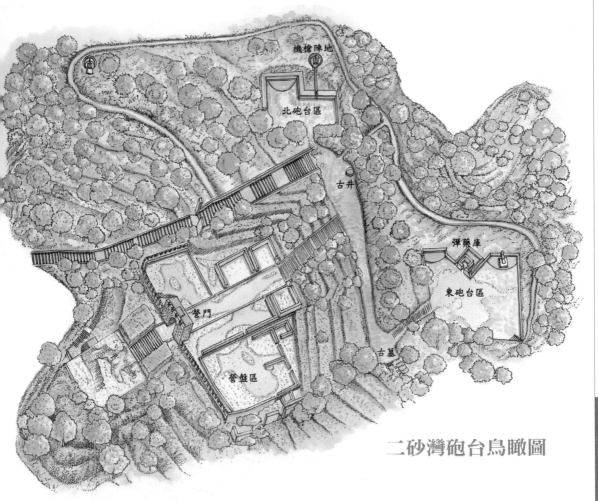

機槍陣地

北砲台區

古井

彈藥庫

東砲台區

營門

古墓

營盤區

二砂灣砲台鳥瞰圖

二砂灣砲台

二砂灣砲台在基隆中正公園內，砲台城門上刻有「海門天險」，是清道光二十一年（1840）中英鴉片戰爭時台灣兵備道姚瑩所建造，並據以擊敗來犯的英軍。二砂灣砲台配有八座阿姆斯壯大砲，砲台陣地寬闊，現存有營房、城門、仿製的阿姆斯壯大砲及清光緒年間製造的火繩炮。

▌二砂灣砲台北砲台區。

▌二砂灣砲台海門天險遺址。

▌二砂灣砲台牆垣。

漢人圍墾出來的噶瑪蘭城

清乾隆五十二年（1787），來台開墾的漢人吳沙組織拓墾墾號，開發宜蘭平原，帶著漢人以武力進犯平埔族土地，是為開蘭第一人。後來經過多次交戰折衝之後，平埔族與漢人取得和諧共處的協議，漢人遂以十數人為一結、集合數十結人為一圍的形式，有系統的開墾宜蘭，陸續開發出頭圍、二圍、三圍等地區。

噶瑪蘭城的建立

清嘉慶十七年（1812）清政府把宜蘭收入版圖，在五圍地方，挖掘濠溝建城。當時的台灣知府楊廷理在城周圍栽種九芎樹築成一座圓形的城。後來通判翟淦接任工作，以九芎樹木空隙過大，又在九芎樹林間遍植刺竹，形成雙層護衛的城池。清嘉慶二十四年（1819），通判高大鏞又建門樓四座，完成噶瑪蘭城的基本建城工作。

噶瑪蘭城圓形城池的格局

舊噶瑪蘭城是少見的圓形城池，因為最初是由九芎樹築成，又叫九芎城。坐北朝南，開有四個城門。以媽祖廟昭應宮為市中心，由此交集兩條東西、南北的大道，將城市分為四個區塊。

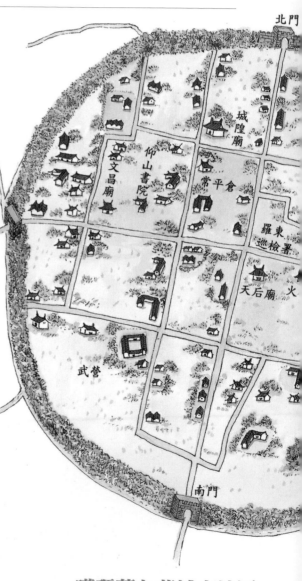

噶瑪蘭九芎城古地圖

日治時期宜蘭孔廟。

已經毀損的噶瑪蘭城城牆

噶瑪蘭城原來的城牆及護城河就在沿著今天舊城東、南、西、北路上,城牆在日治時代被拆除殆盡,只留下原來的東、南段護城河,而原來留下的護城河後來因為城市建設加蓋,也已經不復舊觀。

噶瑪蘭城的城門

舊噶瑪蘭城的城門是依照易經方位的原則取名,東門「震平門」、南門「離順門」、西門「兌安門」、北門「坎興門」,現在城門都已不在,但仍保存有當初的西、北門兩塊城門石,應是在清同治七年(1868)重修時所刻。

噶瑪蘭城的東北區

舊噶瑪蘭城的東北區塊是主要的行政區,主要司署衙門及儒學都在東北區塊。

噶瑪蘭城的西北區

舊噶瑪蘭城的西北區塊是主要的商業區,主要的商店市集、文昌廟、城隍廟都在西北區塊。

噶瑪蘭城的南區

舊噶瑪蘭城的南區是兵營區,南城是噶瑪蘭城較荒涼的區塊,有北貴南賤的態勢。

噶瑪蘭廳城古今對照圖。

開蘭第一人─吳沙

吳沙生於福建,在清乾隆三十八年(1773),渡海移民台灣。清嘉慶元年(1796),吳沙率領千餘人進入今天頭城的烏石港拓墾,遭遇原住民激烈抵抗,傷亡慘重,戰敗退回三貂角。次年宜蘭流行天花,很多原住民得病而死。吳沙治癒許多病人,獲得原住民的信任,爭取到進入宜蘭開墾的機會,於是吳沙率領各族群漢人,成功開發宜蘭頭圍、二圍、三圍等地農田。清嘉慶三年(1798)吳沙病逝,其侄吳化繼續吳沙的事業。吳沙成功開啟了漢人在宜蘭地區的拓墾事業,被稱為開蘭第一人。

認識城郭關塞

又名竹塹城的淡水廳城

竹塹城遺址在今天的新竹市，傳說新竹地區最早是平埔族道卡斯族竹塹社的居住地，因此稱為竹塹。清雍正十一年（1733），淡水廳治由彰化遷移到竹塹城，開始在新竹建築城池，築城時在城的四周遍植刺竹，圍成圓形城區，周圍長440丈（約1,408公尺）。清道光九年（1829）清政府以磚石完成淡水廳城重建。全城周長860丈（約2,752公尺），牆高1丈5尺（4.8公尺），牆上雉堞高3尺（96公分）。

四座城門、四條大街的淡水廳城格局

竹塹的淡水廳城建有四座城門，東門為迎曦門、西門為挹爽門、南門為歌薰門、北門為拱辰門，全城以城隍廟為中心，以東門街、西門街、南門街、北門街四條大街通往四門。城內有廟宇、官廳、學院等建設，城的北半部為商業中心。城牆四圍外有護城河。

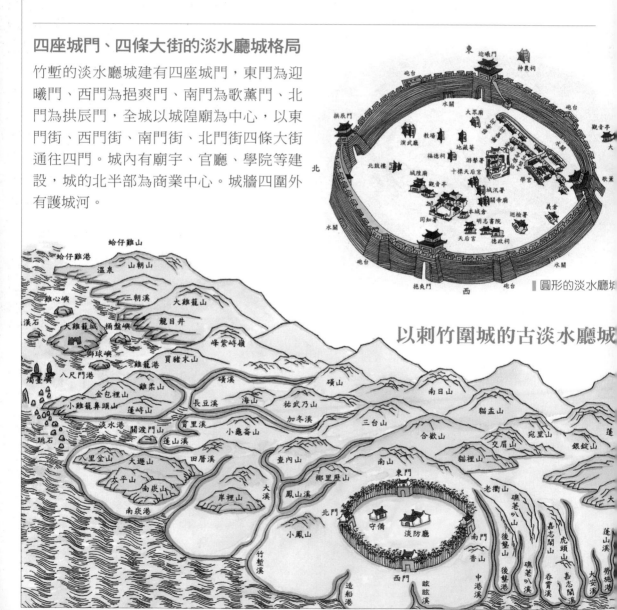

▌圓形的淡水廳城

以刺竹圍城的古淡水廳城

淡水廳城的遺跡

日治明治三十四年（1901），淡水廳城北門大街金德美商號發生火災，同時波及北門，北門城樓付之一炬。次年，日本政府城實施都市街道改正，拆除原有的城牆，除東門保留至今外，其餘城牆城樓都拆除殆盡。

▌新竹市東門城迎曦門。

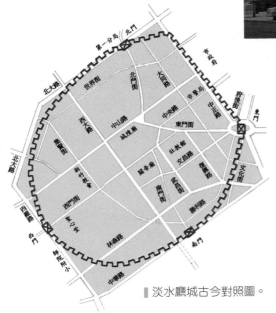

▌淡水廳城古今對照圖。

推崇節孝事跡的牌坊

新竹早年民風推崇節孝事跡，所以有幾座官方表彰同意建立的節孝坊。位於現在新竹市石坊街的楊氏節孝坊是新竹現存牌坊中最早的一座，建於清道光四年（1824），這個四柱三間三層的牌坊，是旌表林熾之妻楊居娘設立的。李錫金孝子坊則是台灣現存唯一的孝子坊，建於清光緒五年（1879），原址在北門外的湳子莊，李錫金後人為保存古跡將之遷到青草湖的現址。

東門迎曦門

迎曦門是淡水廳城東門，是新竹現在僅存的一座城樓，為歇山重簷式的二層樓建築。城牆上有燕子磚砌成的雉堞，門洞用堅固的花崗石建造，城樓共有24根立柱支撐，城門上原來設有防衛的砲台。

第二道土城的建造

清道光二十二年（1842）清朝在原來城外圍加築土城，使淡水廳城同時擁有二道城牆防衛。土城建有四座大城門，東為賓暘門，西為告成門，南為解阜門，北為承恩門。小城門四座，東為卯耕門，西為觀海門，南為耀文門，北為天樞門。

▌屹立在現代化城市裡的新竹東門。

認識城郭關塞

磚石建造的彰化古城

清雍正十二年（1734）彰化以刺竹圍城，設東南西北四門，是彰化最早築城的記載。清嘉慶十四年（1809）因竹城防衛薄弱，閩浙總督方維甸呈請興建彰化土城，但建築過程中，因發現以土質鬆軟，工程屢遭困難，後來就改用磚石建造，直到清嘉慶二十年（1815）才完工。

彰化城的格局

道光年間完工的彰化城，有四座城門，城樓都是歇山重簷式之二層建物，城牆周圍擁有砲台12座。城周922丈（約2,960公尺），高1丈8尺（5.76公尺）。

彰化城的遺跡

日治大正九年（1920），日本政府城實施都市街道改正，開始拆除彰化城。數年後，城牆城樓都拆除殆盡，目前沒有具體建築留下來。

▌昔日彰化城東門。

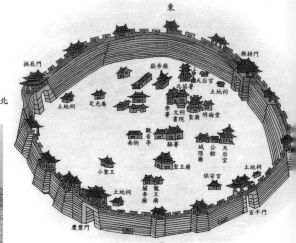

▌彰化磚城古地圖。

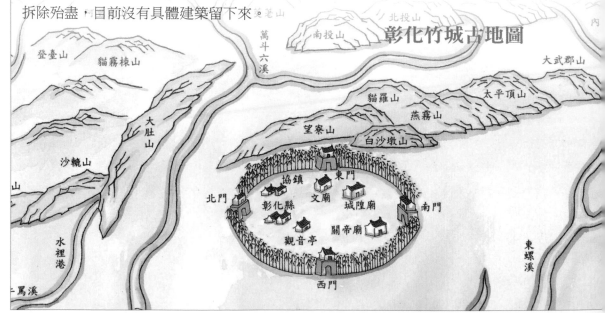

彰化竹城古地圖

東門樂耕門

東門樂耕門在今天中華路與中山路交會點，即縣議會所在地，清朝時每年立春，彰化知縣都會在樂耕門外舉行「藉田禮」，祈求風調雨順、五穀豐收。

西門慶豐門

西門慶豐門在今天中正路、陳陵路與吉祥街之間，中正路二段125巷蘇高薛巷附近，當年為彰化城往來出入的主要道路，西門內商號林立，商業繁榮。

花壇台灣民俗村彷造的彰化城西門。

南門宣平門

南門宣平門在今天華山路、民生路與南瑤路之間，華山路42巷附近。故址原有順正府大王公廟，南門城外有校場埔，為清代官員點校軍隊及兼做刑場的地方。

北門拱辰門

北門拱辰門在今天光復路與和平路之間，當年是通往台中的門戶，北門外有五個家族眾落，俗稱「五福戶」，即北門口、市仔尾、祖廟仔、中街、竹篾街，每年農曆六月初一至初五，五福戶會競相輪流舉辦媽祖祭典及宴席。

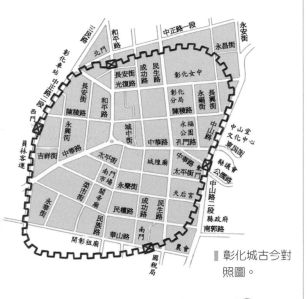

彰化城古今對照圖。

在乙未抗日紀念碑公園的原定軍山寨山砲。

彰化八卦山大佛。

認識城郭關塞

外形如桃的嘉義古城

嘉義市古稱諸羅山，古城外形如桃又成為桃城，諸羅山名稱的由來有兩種說法，一是當地原住民番社的發音為諸羅山社；二是因為在嘉義城的東面有許多山脈（諸山羅列）。

十七世紀漢人開始移民諸羅山

漢人移民諸羅山時間甚早，在西元1621年，漳州人顏思齊就帶領一批移民自嘉義笨港登陸，開始開墾拓荒。西元1624年，荷蘭人占據台灣，開始建設嘉義，開通灌溉渠道紅毛埤，就是現在嘉義自來水源的蘭潭水庫。西元1661年，鄭成功收復台灣後，嘉義隸屬於天興縣。清康熙二十三年（1684），清廷將天興縣改名為諸羅縣，清康熙四十三年（1704）諸羅縣縣治遷移到今天嘉義市的位置，並以木柵構築城牆。

乾隆皇帝賜名改為嘉義

清雍正初年改建為土城堡，清雍正五年（1727），重建城門樓、設置砲台，四座城門為：東門「襟山」、西門「帶海」、南門「崇陽」、北門「拱辰」。乾隆年間發生林爽文反清事件，諸羅城力守數月未破，林爽文失敗之後，乾隆皇帝為嘉獎諸羅軍民的義勇，賜名為「嘉義」。

▌康熙時期木柵圍城的嘉義古城地圖。

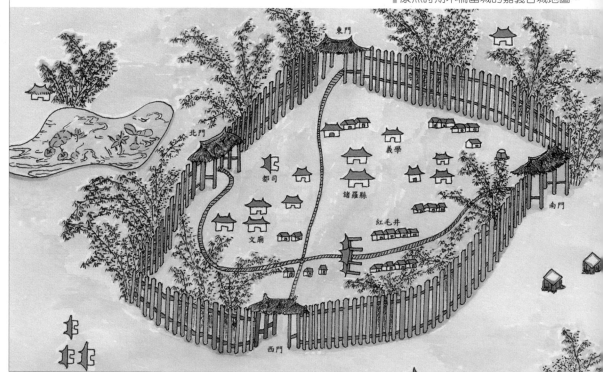

▌嘉義城隍廟。

有甕城及砲台的磚石城池

林爽文事件後，清廷重建加高的三合灰土城牆。清道光十三年（1833）知縣單瑞龍與水師提督王得祿合力募捐，向外圍擴建為磚石城池，並增設甕城及砲台，同時改城門名為：東門「迎甕」、西門「性義」、南門「阜財」、北門「拱極」。

▌雍正時期的嘉義土城地圖。

諸羅山古城毀於嘉義大地震

日治明治三十九年（1906）嘉義發生大地震，古城城垣全毀，日本當局重建嘉義為現代化的街市，古城遂不復存在。古城城門遺址除西門外，日人在原地建造了三個圓環，光復後因交通需要，北門與南門圓環已被拆除，現在僅存在和平路‧公明路口的東門圓環。

▌昔日的嘉義城東門與甕城。

台灣歷史最悠久的熱蘭遮城

熱蘭遮城就是現今安平古堡，古稱「台灣城」，是台灣歷史最悠久的城堡。熱蘭遮城初建于明天啟四十三年（1624），當時荷蘭人在此建立一座簡易的竹城，後來經過幾次修建，於明崇禎七年（1634）完成了磚石建造的現代化城堡。當時熱蘭遮城是荷蘭人統治台灣的政治中心，也是對外貿易的集散地。

▌延平郡王鄭成功。

鄭氏家族三代居住熱蘭遮城

明永曆十六年（清康熙元年，1662），鄭成功擊潰荷蘭人後，鄭氏家族三代居住在熱蘭遮城，命名為安平城，也叫「王城」。清朝收回台灣後，建設台南府城取代其地位，安平城逐漸沒落，淪為砲台和軍火庫。同治年間，英軍因為貿易糾紛對安平程開戰，城內火藥庫被引燃爆炸，城牆也被毀壞，後來清朝在修築「億載金城」時，又拆取安平城城牆的磚石做為材料，安平城因此沒落。

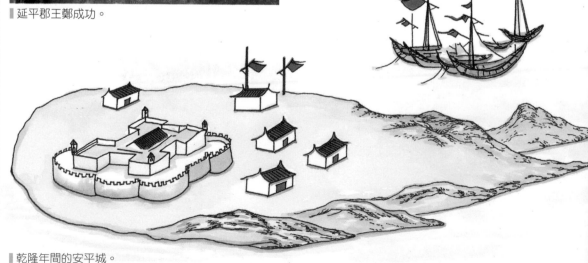

▌乾隆年間的安平城。

安平古堡
紀念碑。

安平古蹟紀念館。

安平古堡紀念館

日治時代,熱蘭遮城城垣被日本人拆除剷平,改建為日式海關宿舍,荷蘭時期建造的城堡遺跡幾乎全毀。後來經過幾次修建,才有現在的「安平古堡」紀念館,展覽原來熱蘭遮城的模型。安平古堡內現在可以看見的明清遺蹟有三門清嘉慶年間的古砲、清朝軍裝局石碑、外城牆垣、半圓堡遺蹟、稜堡遺蹟等。

認識城郭關塞

安平小砲台

安平小砲台在安平古堡外面不遠的昔日海邊,是中國舊式砲台,是中英鴉片戰爭時為防衛英軍建的4座攻防砲台,與「四草砲台」相對,形成府城的防衛屏障。後來府城的台江不斷淤淺,砲台離海岸愈來愈遠,逐漸失去功能。日治時代砲台廢馳無用,一直到光復以後,國軍才在此增建碉堡。現存的砲台是台南市政府在民國83年修復完成的。

安平小砲台。

小砲台目前建在圓弧形的花崗石砲台內,前方有水池,模仿當年台江的岸邊景觀。砲台上有磚砌牆垛,二門仿製鐵鑄砲擺設在牆垛之間。牆垛有槍孔,可以掩護牆後士兵員向外還擊。

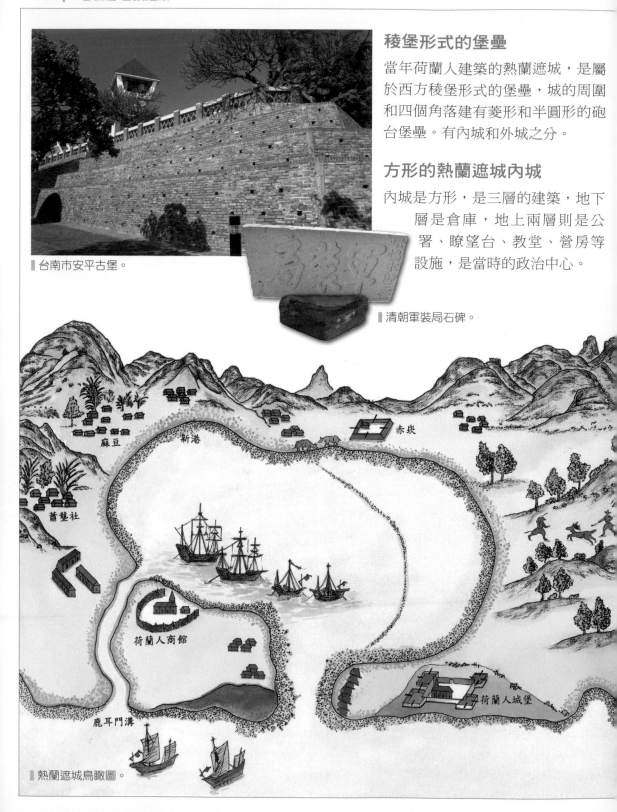

台南市安平古堡。

清朝軍裝局石碑。

稜堡形式的堡壘

當年荷蘭人建築的熱蘭遮城，是屬於西方稜堡形式的堡壘，城的周圍和四個角落建有菱形和半圓形的砲台堡壘。有內城和外城之分。

方形的熱蘭遮城內城

內城是方形，是三層的建築，地下層是倉庫，地上兩層則是公署、瞭望台、教堂、營房等設施，是當時的政治中心。

麻豆

新港

赤崁

蕭壟社

荷蘭人商館

鹿耳門溝

荷蘭人城堡

熱蘭遮城鳥瞰圖。

▎熱蘭遮城的半圓堡遺蹟。

長方形的熱蘭遮城外城

外城長方形的單層建築，連接於內城的西北角，是為加強內城防衛緩衝設計的，城內除了有官眷宿舍，會議廳、辦公室、醫院等公共建築。也有許多商戶住宅，城裡非常繁榮，是當時的經濟貿易中心。

城牆正面的半圓堡

在內、外城的城牆正面設有半圓堡，有的還設置砲台以加強城堡的火力。

▎熱蘭遮城瞭望台的古砲。

設有砲台護衛的稜堡

在內、外城四周突出的角落建有稜堡，設有砲台護衛城堡。內城的四個稜堡，分別稱密特堡、亞爾模典堡、佛力欣廉堡、坎貝費爾堡。其中佛力欣廉堡設有偵察敵情的觀測所。

▎熱蘭遮城的城牆遺蹟。

普羅民遮城——赤崁樓

普羅民遮城就是現今赤崁樓。明天啟五年（1625），荷蘭人建好熱蘭遮的竹城後，也在此建立一座簡易的竹城。後來經過郭懷一反荷蘭的攻擊事件後，明永曆七年（清順治十年，1653）荷蘭人在此改建了磚石的現代化城堡。

鄭氏王朝行政機構——東都明京

明永曆十五年（清順治十八年，1661），鄭成功攻下荷蘭人的普羅民遮城，並改名為東都明京，設立承天府衙門，之後鄭成功又拿下熱蘭遮城，並將熱蘭遮城做為鄭家王府；承天府衙門另做為鄭氏王朝行政機構。鄭成功逝世後，其子鄭經廢了東都及承天府，赤崁樓就失去原有地位成為了火藥庫房。

清朝修建的赤崁樓古蹟

清康熙五十一年（1712）在朱一貴反清事件中，赤崁樓的鐵區被拆除鎔鑄成武器，加上戰爭摧殘，使得赤崁樓只剩下四周的斷垣殘壁。後來清朝在赤崁樓的原址上陸續建築了大士殿、海神廟、蓬壺書院、文昌閣、五子祠等古蹟。

從台江內海看普羅民遮城。

普羅民遮城的稜堡遺蹟。

普羅民遮城舊城門。　普羅民遮城的半月型古井。

已不存在的普羅民遮城

普羅民遮城的城牆是用糖漿、糯米汁，攪拌蠔殼灰，磚石建造而成。非常堅固，城牆沒有雉堞，但有瞭望台，城內有古井與地窖。但因戰亂及歷史變遷，昔日荷蘭人建築的城堡已不復存在。目前留下的是後來改建的中式建築─文昌閣與海神廟。

奉祀魁星的文昌閣

文昌閣是原來蓬壺書院的一部分，是中國傳統重簷歇山屋頂，閣中奉祀魁星。目前一樓是文物陳列室，展示赤崁樓歷年修護的記錄和留下的柱珠、木雕等建築裝飾。

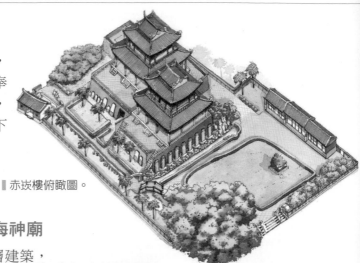

▌赤崁樓俯瞰圖。

展有普羅民遮城復原模型的海神廟

海神廟是中國傳統重簷歇山的二層建築，東面有花瓶形門洞，樑、柱、格扇雕工精美。目前正廳的文物陳列室展有「普羅民遮城復原模型」，為普羅民遮城留下了原來建築的歷史紀錄。

▌赤崁樓內的碑林。

▌今日的文昌閣。

▌現在的蓬壺書院。

福康安平定林爽文事件碑

清乾隆五十三年（1788）清朝封疆大吏福康安平定林爽文事件後，乾隆御賜十塊漢文、滿文長方形龜拓石碑，以紀念平定過程及有功勳人員，其中一塊在運送過程中掉到台江海底，當時承辦官吏以假換真，假的那一座現存於嘉義公園，另外九座真品現今放置於赤崁樓海神廟前。遺失的那座真品，後來被漁民撈獲放置於台南保安宮。

▌海神廟前的乾隆御碑。

赤崁夕照—台灣八景之一

日治時代赤崁夕照是報紙票選的台灣八景之一，可見其昔日風貌。清朝錢琦曾經寫過一首描寫赤崁夕照的詩，我們可以藉此窺見當時的意境：

孤城百尺壓層波　一抹斜陽傍晚過
急浪聲中翻石壁　寒煙影裡照銅駝
珊瑚籬落迷紅霧　珠斗欄杆出絳河
指點荷蘭遺跡在　月明芳草思誰多

認識城郭關隘

二百多年歷史的台南府城

清康熙二十三年（1684）施琅擊敗鄭軍後，清朝在台南設立台灣府，但未築城，康熙末年朱一貴之亂，因為府城失陷，總兵戰死，清朝遂於清雍正三年（1725）開始在台南建築木柵城。後來又多次加種刺竹、莿桐和林投等防衛植物。由於林爽文事變後，台灣各地的木柵城池多被焚毀。清乾隆五十三年（1788）台灣知府楊廷理乃改建台南府城為三合土城。

半月形城垣的台南府城

台南府城週長2,662丈（約8,873公尺），由於西邊面海，所以是以西邊直線為弦的半月形城垣，所以也有「半月城」的稱呼。街道沿襲荷蘭人的規畫，以今天民權路及忠義路口的十字街口為中心，將全城分為寧南坊、西定坊、東安坊及鎮北坊四大區塊。主城共有八個城門。另有兩個外城，各有三個城門。

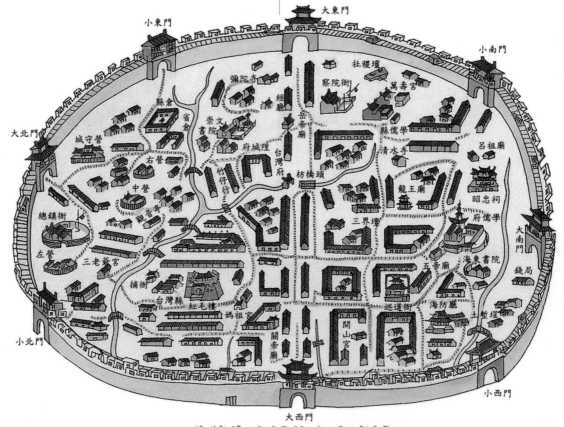

改建為土城的台南府城

昔日台南府城的小西門。

昔日台南府城的小東門。

昔日台南府城的小南門。

昔日台南府城的大北門。

昔日台南府城的大西門。

台南府城主城有八個城門

台南府城主城共有八個城門，大東門（東安門、迎春門）、大西門（鎮海門）、大南門（寧南門）、大北門（拱辰門）、小東門（鎮東門）、小西門（靖波門）、小南門（鎮北門）、小北門（鎮北門）。現在大東門、大南門整修保存為古蹟。小西門拆遷到成功大學校區保存，其餘的城門均已拆毀。

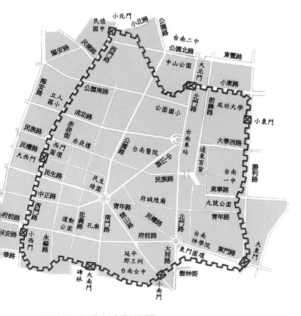

台南府城古今對照圖。

台南大南門甕城。

東西兩邊有甕城與外城門

台南建城之初因為城牆靠近海岸，並沒有甕城，後來台江內海淤積，嘉慶時在西門外疏通五條水道，成為當時熱鬧的商業區五條港，後來因為海盜侵擾，道光時遂在內城外邊建築甕城，保護當地居民。府城在東西兩邊各建有一個甕城，各開三個城門。東外城有拱乾門、奠坤門、兌悅門。西外城有東郭門、仁和門、永康門。目前僅存兌悅門，其餘城門均已拆毀。

大東門（東安門、迎春門）

位於今東門路與勝利路口，是原樣重建的三級古蹟，門樓是歇山重簷單脊燕尾的二樓建築，門內有一塊道光年間告誡守城士兵不准勒索商民的示禁碑。

▌今日台南府城的大東門。

昔日台南府城衙門林立

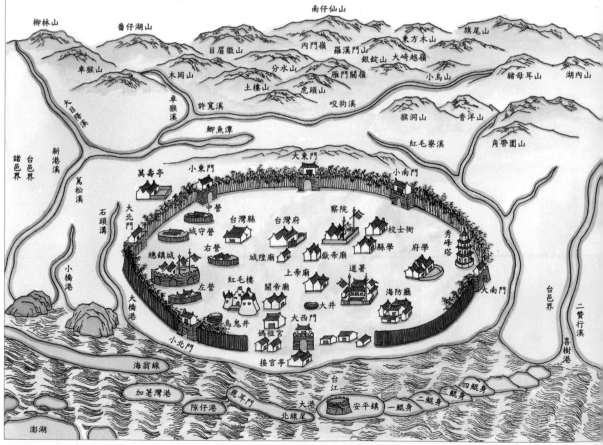

今日台南府城大南門。

府城大南門的碑林亭。

大南門（寧南門）

位於今天孔廟的正南方，是原樣重建的三級古蹟，門樓是三開間歇山重簷單脊燕尾的二樓建築，目前仍舊保有少見的甕城遺跡。城門右方有碑林亭，保存了很多古石碑。大南門也有一塊道光年間告誡守城士兵不准勒索商民的示禁碑。

成功大學內的古砲遺蹟。

兌悅門

原是台南府城西甕城的西門，在今天文賢路與信義街口，是清道光年間用珊瑚礁咾咕石所建造。兌悅門目前仍然在通行使用，是現存少見的外郭城門。

兌悅門。

認識城郭關塞

又名二鯤鯓砲台的億載金城

清同治十三年（1874）日本藉「牡丹社事件」派軍犯台，清朝欽差大臣沈葆楨乃聘請法國人在台南設計億載金城砲台以作為防衛，此座堅固的西式砲台完成於清光緒二年（1876）。億載金城因位在台江西岸二鯤鯓沙洲，又名「二鯤鯓砲台」，現在是國定古蹟。

億載金城的戰爭歷史

億載金城建成之後，曾經在兩次戰役中發揮了強大軍事的功能。第一次是在清光緒十年（1884）的中法戰役，億載金城曾經以大砲驅離進攻台灣的法方軍艦。第二次是在清光緒二十一年（1895）台灣割讓日本後的乙未戰役中，億載金城曾經以大砲擊沉一艘攻台的日本軍艦。在清光緒三十一年（1905）日俄戰爭期間，日本人賣掉了億載金城的大砲以支援戰爭所需的軍費，億載金城的大砲就消失成為歷史。民國六十四年億載金城建城一百週年，台南市政府出資修復億載金城，並安置了仿製的古砲及沈葆楨銅像，重新恢復了砲台昔日的雄偉景觀。

▌億載金城的城門與引橋。

億載金城鳥瞰圖

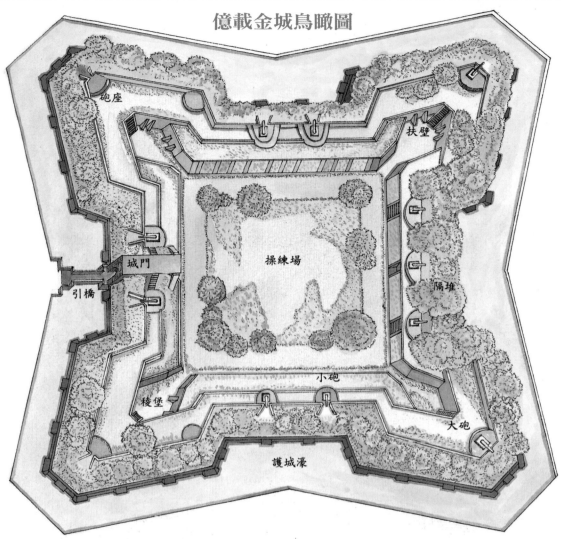

砲座

扶壁

城門

引橋

操練場

隔堆

稜堡

小砲

大砲

護城濠

方形的西洋稜堡式砲台

億載金城為方形的西洋稜堡式砲台，四個角落是凸起的稜堡，城牆地基由紅磚砌成，上方加築土牆堆高。環繞城牆外圍挖掘有護城河，城的正門是紅磚砌造，城門口有一座懸吊式的木橋。城內周圍有一圈馬道，供城內守軍互相支援聯絡。城中央原有一座水池，城內周圍建有營房，但現在都已經被夷為平地，成為景觀廣場。城裡原來共配置有大砲九尊，小砲六尊。

圓拱形的城門洞

億載金城的大門是以紅磚砌造的，大門中央有圓拱形的城門洞，在城門正面有「億載金城」、背面有「萬流砥柱」的門匾。城門口原來有一座懸吊式的木橋跨越護城河進出城門，現在木橋已被改建的鋼筋混凝土橋所取代。

▌億載金城的砲台與扶壁。

位在左營的鳳山舊城

清康熙二十三年（1683），施琅擊敗鄭克塽拿下台灣後，清朝設台灣府、諸羅縣、台灣縣及鳳山縣，鳳山縣治設在左營埤仔頭。清康熙六十一年（1722）清朝在左營建造了一座土城，城垣左靠龜山、右依蛇山，周圍有護城河。清雍正二十年（1734），又環城種植刺竹形成第二道屏障。清乾隆二十五年（1760），城垣周圍又增建四座砲台鞏固防禦。但林爽文事件，在左營的鳳山縣城仍被攻陷，清政府遂於清乾隆五十三年（1788）將鳳山縣城遷移到今天的鳳山，原來在左營的縣城就被稱為舊城。清道光五年（1825），鳳山舊城改建土城為石城，設置四座城門，四座砲台。目前是國定古蹟。

鳳山舊城有三座城門仍然存在

清道光五年（1825）改建為石城的鳳山舊城，呈東北—西南走向，城垣周長1,224丈（約4,080公尺），高1丈2尺（約4公尺），設置四座城門，四座砲台。東門鳳儀門，西門奠海門，南門啟文門，北門拱辰門。其中西門已經不復存在。

北門拱辰門

北門又名「拱辰門」，在今天左營勝利路，位於蓮池潭的東邊，城樓也已經不在，但城門、跺牆、馬道等仍然完整。北門城門兩側有一對全世界保存最完整的門神泥塑。

▍鳳山舊城的北門與門神泥塑。

▌鳳山舊城的東門與護城河。

▌鳳山舊城的東門。

南門啟文門

南門又名「啟文門」，位於左營大路、中華路、鼓山路交叉口圓環上，城門是堅固花崗岩建築，

▌鳳山舊城的南門。

城樓是仿古重建的歇山單簷燕尾脊建築，城門上有清道光年間的啟文門額題。

東門鳳儀門

東門又名「鳳儀門」，在今天左營永清國小旁邊，城樓已經不在，但城門、城牆、踩牆、馬道、登城步道、護城河、進城木橋等在經過修建後，仍然保留了建城時的舊城風貌。

咾咕石混三合土的城牆

鳳山舊城的城牆使用咾咕石及三合土為建材，非常堅固，城牆上有馬道、踩牆（雉堞），目前在舊城東門保留有約500公尺的城牆遺跡，可以還原當年建城的風貌。

▌古今對照的鳳山舊城。

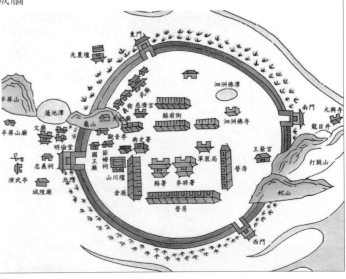
▌早期的鳳山舊城。

認識城郭關塞

左營遷來的鳳山縣城

清乾隆年間發生林爽文事件，在左營的鳳山縣城被攻陷，事後清政府乃於清乾隆五十三年（1788）將鳳山縣城遷移到鳳山的陂仔頭街，並在四圍以刺竹為屏障，建築了鳳山縣城。清嘉慶九年（1804），地方官又建造了六座咕咾石城門。清道光十八年（1838），在城門上加蓋城樓，在城牆四角建了六座砲台，並在城周圍挖掘濠溝護城。清咸豐四年（1854），刺竹牆改建為土牆。土牆曾在清光緒年間倒塌重修。日治時代把東便門以外的城牆及城門都拆除了。

靴子形格局的鳳山縣城

鳳山縣城順著河流地形而建，由南向北是靴子形的格局，有竹牆及土牆兩道城垣，竹牆周長1,300餘丈（約4,333公尺），土牆周長1,120丈（約3,733公尺），周圍有護城河。原來建有六座城門（東門朝陽門、南門安化門、西門景華門、北門平朔門、東便門同儀門、外北門郡南第一關）、六座砲台，目前只剩下一座東便門及三座砲台。

▋像靴子的鳳山縣城。

▋鳳山縣城古今對照圖。

鳳山縣城內的建設

鳳山縣城作為縣治，是早期台南以南的政治文化中心，城裡建有鳳山縣署、鳳儀書院、龍山寺、城隍廟、玉皇宮、雙慈亭等官署、學院與廟宇建築。

▊鳳山縣城東便門。

外北門

在今天中正路與協和路口的北側，是通往台南府城及左營舊城的門戶，又叫「郡南第一關」，城門已經拆除，城門匾保存在高雄市政府文化局。

▊昔日的澄瀾城砲台。

東便門同儀門

東便門是鳳山城目前僅存的一座古城門，門外以東福橋跨越鳳山溪，東福橋是清代所建的中國式古橋，有六角形橋墩，極具歷史價值。

▊昔日的平城砲台。

鳳山縣城的砲台古蹟

鳳山縣城原有六個砲台，都是清道光十八年（1838）鳳山縣知縣曹謹所建。現在保留下來的有平成、澄瀾、訓風三個砲台。平成砲台位於曹公廟正後方。瀾砲台位在現今立志街和復興街口。訓風砲台位於中山路龍山寺右邊的巷內。

▊昔日的訓風砲台。

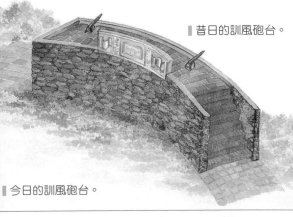

▊今日的訓風砲台。

認識城郭關塞

高雄的三座古砲台

清同治十三年（1874）牡丹社事件後，清朝為防守高雄港的安全，於清光緒二年（1875）在哨船頭及旗後山上完成了二座西式砲台。清光緒十四年（1888），又在打狗山的大坪頂建造了另一座砲台，其中大坪砲台現在已經毀損不在。

旗後砲台

旗後砲台是聘請英國人建造的西式砲台，但在建築上運用了許多中國傳統的元素。砲台由北到南分成營房、指揮所、砲座彈藥庫三個功能區塊。

旗後砲台城門

砲台城門是紅磚結構，門洞為方形，門額上刻有「威震天南」字樣，入口處有對稱向前斜伸的八字牆，兩側門柱上鑲有「囍」字圖案，具有傳統中國城門的風貌。

旗後砲台門額

旗後砲台的門額在清光緒二十一年（1895）乙未戰役中被日艦擊毀，現在門額之「威震天南」四字，是高雄市政府民國八十年重新整修時，參考以前老照片重新製作的。

旗後砲台的砲台區

旗後砲台在南面牆垣的西、東兩面各佈置一門阿姆斯壯巨砲，在牆南面佈置兩門阿姆斯壯巨砲。在日治時代，大砲均被日本人拆除無存。

旗後大砲台鳥瞰圖

子藥庫　彈藥庫　後操練場　觀測所　指揮所　營舍　營舍　前操練場　營門

▌旗後大砲台操練場與營舍。

大坪砲台

大屏砲台建在面海的壽山上，是清代高雄港火力最旺盛的砲台，原來配備有八寸的阿姆斯壯巨砲，但是舊有砲台已經在乙未戰役中被日軍攻擊摧毀。

▌哨船頭砲台門楣雄鎮北門的刻書。

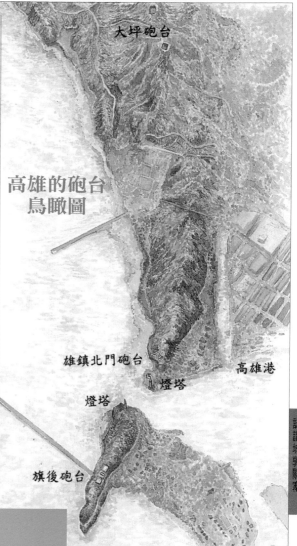

高雄的砲台鳥瞰圖

大坪砲台

雄鎮北門砲台

燈塔

燈塔

高雄港

旗後砲台

哨船頭砲台

哨船頭砲台是以三合土與珊瑚礁咾咕石建造，砲座的城牆上有雉堞及銃眼，砲台門楣有雄鎮北門刻書，原來的砲台具備有城門、城牆、彈藥庫及營房等設施，配備有二門阿姆斯壯巨砲。

▌旗後大砲台的砲台遺蹟。

原名琅嶠的恆春古城

恆春原名琅嶠，清同治十三年（1874）日軍藉牡丹社事件進犯恆春後，清朝為加強琅嶠的防衛，特派欽差大臣沈葆禎來台設立縣治並選址建城，改名恆春。恆春縣城於清光緒五年（1879）完工。

建城位置以風水決定的恆春古城

恆春建城因為是由專長勘輿的台灣道劉璈主導。所以縣城位置選在四座山中間，東北有玄武三台山、南面是青龍龍鑾山、北邊是白虎虎頭山、西南是朱雀西屏山，山名都是劉璈因應風水命名的。城周長880丈（約2,933公尺）。

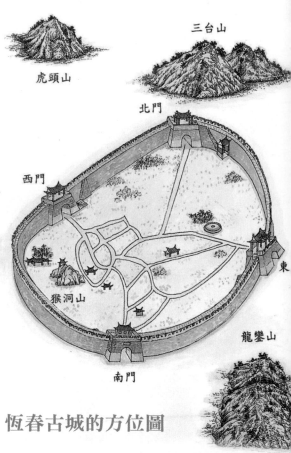

恆春古城的方位圖

三合土材料建成的城牆

恆春古城的城牆主要用糯米糊、蔗糖漿、混拌牡蠣殼灰的三合土材料建成。恆春城周圍長約2933公尺，高約5.3公尺，厚約6.6公尺，有四個城門。環城共有一千多個城垛。城牆上有馬道，城牆下有水

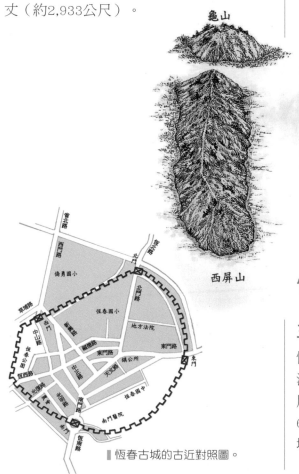

恆春古城的古近對照圖。

▌恆春城北門。

▌恆春城西門。

拱形城門的紅磚城

恆春古城有四個拱形城門,每個城門上各有四座砲台,城樓是歇山單簷燕尾脊的單層建築,樓前建有軒亭可以遮陽蔽雨,是其他台灣城樓建築中沒有的特色。城樓周圍城牆是用紅磚砌成。

北門

恆春北門在恆春氣象站附近,北門附近的城牆已經修復完成,城門建有登城步道可以上下,城牆及雉堞仍然被保存下來,但是城樓已經不復存在。

西門

恆春西門是四個城門裡最小的一座。位置在今天恆春最熱鬧的中山路上,因為年代久遠,城門城樓及城牆都已不在,只剩下雉堞和門洞可觀賞。

▌恆春城東門。

東門

恆春東門在恆春往滿州的路上,目前還保留了城樓、城牆的原貌,馬道、砲台、雉堞都仍然存在。

南門

南門位在墾丁方向進恆春的大路上,是四個城門中保存最完整的,目前還保留的拱形城門、城牆、歇山單簷燕尾脊的城樓都是後來重新翻修的。

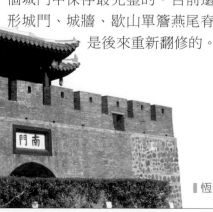

▌恆春城南門。

認識城郭關塞

中法戰爭後建造的媽宮城

早在元至元十八年（1281），澎湖就設有澎湖巡檢司管理地方，後來的幾百年，澎湖陸續有砲台的設置，但一直未建造城池。一直到清光緒十一年（1885），中法戰爭法軍佔領澎湖，清法議和後，清朝乃開始在澎湖築城，媽宮城就在澎湖首任總兵吳宏洛督建下，於清光緒十五年（1889）建造完成。

城市建築完整的媽宮城

媽宮城城內建有許多官署、廟宇及公共建設，包括有總鎮衙置、守備署、遊擊署、都司署、水雷局、天後宮、北極殿、軍煤廠、鹽課舘、水仙宮、演武亭、練營、程朱祠、電報局、城隍廟等。

沿海岸地形建築的媽宮城

媽宮城面對大海，沿海岸地形築城，為東北、西南走向。周長約2630公尺。建有垛牆五百多個，牆高約6公尺，設有六座城門，東門朝陽門、北門拱辰門、南門迎薰門、小南門即敘門、西門大西門、小西門順承門。

小西門順承門

小西門順承門位於馬公市區新復路與金龍路口附近，城門是圓拱形門洞，上建有歇山單簷燕尾脊的城樓，城樓四周的雉堞沒有銃眼。是六座城門中唯一保留下來的古蹟。

大西門

大西門是媽宮古城六門中唯一沒蓋城樓的城門，光復後改稱中興門，在今天金龍頭附近，目前是澎湖司令部的大門，城門附近的西城牆幸未毀損依然存在。

▌媽宮城古今對照圖。

▌媽宮城小西門。

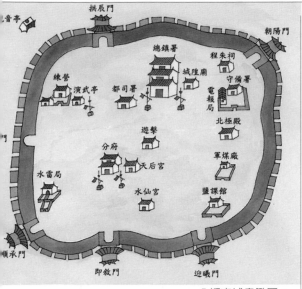

■光緒時的澎湖地圖。

■媽宮城鳥瞰圖。

拆除城門城牆建築馬公港

日治時代大規模拆除城門城牆的石材去建築馬公港，以致目前僅存小西門與大西門。城牆北面有一道護城河。除大西門外，其他五門都建有城樓。東城門上設有砲台。

西嶼砲台也稱西台古堡

建於清光緒十三年（1887）的西嶼砲台也稱為「西台古堡」，是一個四周種植瓊麻的土牆所圍成的砲台陣地。整座砲台幾乎都在地下，砲座則架在比稍地面高碉堡頂上。古堡內有幾條通道互相連絡。建造時配置了四門大砲，是澎湖地區規模最大的砲台。砲台入口處的「西嶼西台」門額是李鴻章的真跡。

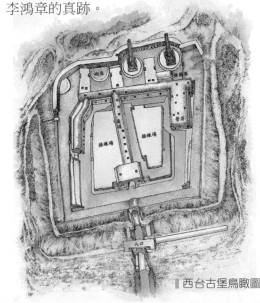

■西台古堡鳥瞰圖。

認識城郭關塞

台南新化老街

認識老街

留存歷史記憶的老街

台灣的老街如三峽老街、大溪老街、迪化街、西螺老街、新化老街等，都是經歷了清朝移民的拓墾、日治時代的市區改正及台灣光復後的都市變遷三大階段，在發展過程中留存下來的商店建築群。這些經歷過百年以上的歲月的街市，可以讓我們走進過去，看見城市一些歷史的記憶。

老街當年興盛的主要原因

老街都是曾經繁榮一時的街市，在歷史的某一個年代裡扮演著地區商業中心的角色，分析台灣老街當年興盛的主要原因有三：一是曾經的水陸交通要道如大稻埕迪化街、鹿港老街；二是曾經的產業重鎮，如金礦產業的九份老街及茶葉轉運的坪林老街；三是開墾初期的移民聚落，如北埔老街、美濃老街等。

日治時代都市改正對老街的影響

十八世紀末日本明治維新之後，對於都市建築引進了西方的觀念與技術，甲午戰爭後日本統治台灣，陸續開始都市改正，傳統漢式建築從都市裡逐漸消失，取而代之的是兩層的洋樓或是和式的街屋，尤其是巴洛克式山牆、騎樓、紅磚拱廊、女兒牆等建築特色在台灣各地蓬勃發展，如大溪、湖口、太平、西螺、新化、旗山等老街，從北到南都可以看見日治時代都市改正對老街的影響。

▌新竹北埔老街。

█ 台南新化老街街景。　　　█ 台北三峽老街。　　　　　█ 桃園大溪和平老街。

老街得以保留的原因

沒落後的老街沒有被拆遷而得以保留下來的原因，主要是因為老街逐漸失去了其交通及產業的地位之後，青壯年人口外流、都市變遷緩慢，因而幸運地沒有被大幅拆遷而保留下來。

保留老街風華的努力

最近十幾年，台灣保留文化資產及歷史建築的意識受到社會重視，各種研究保留地方文史資料的經費也陸續增加，在政府及各地文史工作者的努力下，一些有歷史價值的老街得以修復，重現當年風味，同時各地也培養許多導覽老街的講解義工，可以帶領遊客或在地人更深的體會老街的歷史與風貌，使老街成為值得遊賞得好去處。

█ 台北三峽老街建築。

認識老街

老街建築的歲月印記

台灣的現存知名的老街如三峽老街、大溪老街、迪化街等，都是經歷過百年以上的歲月痕跡，從清朝的商業起步，經歷過日治時代的繁榮，走進今天的古老韻味，處處可以看到有歲月印記的建築風格，如閩南式建築、洋樓式建築、巴洛克式建築、現代主義式建築，以及混合漢、洋、日風格的建築等等。

保存很少的閩南式建築

在老街裡的閩南式的建築，主要特色為紅磚牆、瓦屋頂、木門窗及屋簷下有亭仔腳（騎樓）。因為日治時代的市區改正，拆除了許多在街市上的閩南式老店面，以致現今在老街的閩南式建築已經非常少見。

洋樓式建築

早期洋樓式建築的特色是以二層紅磚樓房為主，一般在屋頂上建有女兒牆、牆上有花瓶欄杆，窗戶多為圓拱形。

混合閩南及日風格的建築造形圖

女兒牆　　　圓拱型窗戶

洋樓式建築造形圖

▌大溪老街巴洛克式建築。

巴洛克式建築

巴洛克式建築是日治時代流行的建築風格，牆面以洗石子為主，在店面上方有立體的山牆，山牆上裝飾著華麗的柱頭和精緻的花草紋飾，既古典又能彰顯出當年店家的富貴。

ART DECO與現代主義建築

ART DECO與現代主義建築是二十世紀初在西方流行的類似建築風格，台灣的老街在日治時代中期開始有現代主義建築，有些也有ART DECO的風格，現代主義與ART DECO建築，都注重建築的實用與條理，強調建築物裝飾的簡化，不像巴洛克式建築有華麗的山牆，通常以水平的線條為裝飾花紋，顯得較為簡潔樸實。

▌迪化街現代主義建築。

立體
山牆

巴洛克式建築造形圖

現代主義式建築造形圖

認識老街

南北貨集散地—迪化街

迪化街，早期叫大稻埕，原來是平埔族的住地，清咸豐年間因為萬華艋舺的頂下郊拼械鬥，落敗的同安人大批移居大稻埕，利用淡水河的大稻埕碼頭發展出以茶葉、布料為主要的商業貿易中心，日治時代改名永樂町，是台灣南北貨及紡織品的批發集散地，光復後改名迪化街，仍然是台北最繁榮的南北貨集散地，尤其是農曆年前年貨大街的採購榮景，更是歷久不衰。

大稻埕的行業特色分佈

大稻埕早期大致分為中街、中北街、南街、普願街與杜厝街。每一段街市都有主要行業的特色，大稻埕的南街從霞海城隍廟到民生西路，南面連著布莊集散的永樂市場，南街有上百家中藥行聚集在此，是台灣最大的中藥材批發集散地。

中街由民生西路到歸綏街，是南北貨店舖的集散中心，目前是台北年貨大街活動的中心。中北街在涼州街與歸綏街之間，多為南北貨商行與糧食店。普願街與杜厝街在今天涼州街到台北大橋之間。普願街大多是雜貨店和碾米廠，杜厝街則以礦油店和碾米廠為主。

日治時期台北大稻埕製茶作業。

迪化街的街景。

迪化街的長條形連棟式建築

迪化街的店鋪因為建造已超過百年，道路相對狹窄，約只有不到8米寬，街道是南北走向，因此大部分店鋪是東西向的長條形連棟式建築，早期都是從後門進貨而以較狹窄的臨街前門做生意，長條形的空間可以提供居住及存貨的複合使用。

迪化街的南北貨商店。

迪化街俯瞰圖

霞海城隍廟

大稻埕年貨大街

清朝以來，進口的絲綢、南北貨、藥材和工藝品及出口的茶、米、糖、樟腦都是經大稻埕碼頭集散轉運，而舊名「永樂町」的迪化街就是大稻埕的中心，到二十一世紀的今天，迪化街仍滿佈茶葉、南北貨、藥材等民生用品的商家，近年來台北市政府為推動在地化、商店更新及促進地方繁榮，每年農曆年前都會舉辦「年貨大街」活動，以免費公車、快遞服務結合許多文化表演節目，帶動過年前連續幾十天的年貨採購買氣，熱鬧的程度不亞於嘉年華會。

認識老街

迪化街店鋪的建築風格

迪化街店鋪的建築風格主要是洋樓式建築、巴洛克式建築及現代主義式建築。

迪化街上的巴洛克式建築

迪化街上的中街和南街上是日治時代巴洛克式建築的大本營，這些代表迪化老街豪華的建築風格，在店鋪正面有立體突出的山牆、裝飾著華麗的柱頭和精緻的花草紋飾，既古典又能彰顯出當年店家的富貴。如迪化街一段114號的顏義成商行、102號的義裕公司店面、88號的和億蔘茸有限公司等都是經典的巴洛克式建築。

▌迪化街現代主義建築。

▌迪化街洋樓建築。

▌迪化街巴洛克建築。

迪化街店鋪的現代主義式建築

現代主義式的建築是迪化街店鋪裡最常見的建築風格，以水平的線條為主要的裝飾花紋，注重建築的實用與條理，不像巴洛克式建築有華麗的山牆，顯得較為簡潔樸實。如迪化街一段34號的屈臣氏大藥房、71號的乾元行都是典型的現代主義式建築。

▌迪化街少數現存的閩南式街屋。

▌迪化街霞海城隍廟。

迪化街上的洋樓式建築

迪化街上的北街，有整排連續的老商號，是紅磚拱廊的二層洋樓式建築，保留了古樸的老街風味，其他如迪化街一段127號的寶泰藥行等也有部份洋樓式建築穿插在中街和南街上。

李春生與大稻埕教會

李春生是福建廈門人，清道光十八年（1838）生，年輕時成為基督徒，在廈門英商怡記洋行工作，精通英語及商務經營。30歲左右離開廈門到台灣擔任英商的買辦，經營茶葉出口有成，有「台灣茶業之父」尊稱。除了茶葉之外，後來李春生自行創業，經營煤、樟腦、米、糖出口及煤油、布料、洋貨進口，並因此致富，成為台灣在

▌大稻埕教會。

板橋林家之下的第二富豪。因為信仰基督教，捐款推動興建了大稻埕長老教會禮拜堂、濟南長老教會與李春生紀念館禮拜堂等台北知名教堂建築。建於日治大正四年（1915）的大稻埕長老教會就在迪化街隔鄰的甘州街上，這個以洗石子裝飾的紅磚建築，融合了東西方的風格，是台灣經典的教會建築古蹟。

認識老街

大漢溪航運發展出來的三峽老街

三峽在清朝時代，因為大漢溪航運便利，以三角湧街（現今的民權老街）為中心發展出樟腦、製茶及染布三大產業，市況非常繁榮。日治時代更是因為都市更新，全面建設更新了三角湧街的街道，這條巴洛克建築風格為主的老街，至今尚保留未拆。

三角湧的起源

在清領時期的台北開墾過程中，大漢溪河運交通佔有相當重要的地位，拓荒的移民從淡水沿著大漢溪往山面開墾，到了三峽附近，開發的範圍在橫溪、三峽溪、大漢溪三條河流的交匯處，就稱此地為「三角湧」。

三峽老街的巴洛克建築風格

三峽老街的建築風格主要是日治時代引進的巴洛克建築。這些店鋪以洗石子和紅磚為主要材料，店鋪正面有立體突出的山牆、裝飾著華麗的柱頭、精緻的花草紋飾，還有避邪的八卦圖案。

三峽歷史文物館。

三峽老街街景。

山牆上刻有代表商號的標字

三峽老街一樓臨街店面有拱形騎樓，山牆上刻有牌匾，匾上刻字以姓氏、姓名、行業名稱或店號為主，最常見的刻有「染」字的店鋪就是當時三峽最興盛的染布行業。這些華麗的古典建築見證了三峽昔日的繁榮。

三峽老街的巴洛克建築。

三峽老街建築的山牆上刻有代表商號的標字。

三峽老街俯瞰圖

三峽祖師廟

三峽老街的騎樓拱廊。

多樣花俏的屋頂收頭與女兒牆

三峽老街一樓臨街店面的屋頂收頭有圓球形、葉紋形、杯形、瓶形等不同形狀，花樣多變而俏麗。有的屋頂還加蓋有各種裝飾圖案的女兒牆。

串連視覺的拱圈騎樓

三峽老街的街屋多半由紅磚、洗石子及華麗山牆組成，各家的一樓有連續相接的騎樓，這些紅磚拱形騎樓，一眼望去如同串連視覺的拱圈，非常特別。

復古再出發的三峽藍染

清朝末年三角湧是台灣北部最重要的染布中心，早期三峽的山區有可以製染料的植物馬藍，染布店家利用三峽溪水漂洗染布、然

三峽老街的藍染商號。

後在溪畔晾曬染布，因此造就了三角湧街的染布業的黃金歲月。當年三角湧染的布經由萬華大量銷往廈門、漳州、福州、上海等地。到了日治時代晚期，因為化學合成染料的盛行，三角湧的傳統染布業逐漸衰退沒落。近年來三角湧許多文化工作者致力於三峽傳統染織工作技術復原，重新開創出三峽藍染的魅力，將藍染這項傳統行業應用於服飾配件、壁飾、門簾、頭巾、手提袋等各種日常生活物品上，成為三峽老街的特色。

三峽洋樓式建築的女兒牆。

三峽祖師廟。

隨安溪移民來台的清水祖師信仰

清水祖師，原名陳昭應（一說為陳榮祖、陳昭或陳應，十一世紀宋朝人），是北宋時福建的高僧。由於在安溪清水巖修道，被尊稱為清水祖師。台灣民間也稱其「祖師公」或「祖師爺」。圓寂後被安溪人視為安溪的保護神。後來隨著安溪移民來台，清水祖師在台灣也備受尊敬。

認識老街

三峽祖師廟的浮雕壁畫。

三峽祖師廟的龍柱。

舊名大嵙崁的大溪老街

大溪在大漢溪畔，舊名大嵙崁，在清朝之前原來是平埔族社與泰雅族的居地，清同治年間中英天津條約增開淡水為通商口岸後，大溪因為是淡水河上游重要的內陸河港而發達，桃竹苗地區的茶葉、樟腦、木材、日用品均經過大溪轉運，全盛時期大溪街上的商家超過三百家以上。

日治時代都市更新的面貌

日治時代推動都市更新，大溪界上富有商家均出資修建臨街店面，造就了今日我們看見的巴洛克風格建築的老街面貌。目前保留的大溪老街古建築主要在和平路、中山路、中央路三條老街上。

長條形連棟式建築

大溪老街的建築風格主要是日治時代引進的巴洛克建築。大部分店鋪是長條形連棟式建築，臨街門面可以做生意，後段進深較長的空間用來居住及存貨。

大溪長條形的店屋有深長的營業空間。

中西混合的建築風格

這些店鋪以紅磚為主要材料，店鋪正面有山形、半圓形、圓弧形的立體山牆、裝飾著華麗的柱頭、精緻的動植物紋飾，山牆上刻有牌匾，匾上刻字以姓氏及店號為主，一樓臨街有磚砌或石雕的圓拱形騎樓，這些華麗的古典建築見證了大溪昔日的繁榮。

▋大溪老街的街景。

▋大溪老街的巴洛克建築。

▋大溪老街的騎樓拱門。

▋大溪老街的洋樓式建築。

認識老街

▌大溪老街的木器店與木製童玩。

大溪老街的木器店

早期大溪的木器雕刻師傅手藝精美，以鄰近復興鄉的紅檜、槐木，加上大溪優質的漆料上漆，製作出遠近出名的大溪的木器，目前大溪街上仍然有許多家知名的木器店。

讓人懷舊的童玩

大溪是木器家具生產基地，加工生產時剩餘的下腳木料甚多，因此也發展出來許多的木、竹製童玩，如陀螺、木風車、竹蜻蜓等等。假日去大溪，在老街附近的廣場裡，會有人教導孩子如何打陀螺，再加上老街上一些讓人懷舊的木製童玩店，到大溪的現代人可以在這裡找到不同於科技影音文化的童趣。

大溪老街上的木器店與豆干店。

假日熱鬧的大溪老街。

大溪老街的小吃

大溪老街保留了許多傳統特色的小吃，最有名的是大溪豆干及花生麥芽糖。每逢假日，在大溪經常可以見到長條人龍排隊，在等候現做的手工麥芽糖。而知名的豆干包括「黃日香」、「黃大目」、「萬里香」、「廖心蘭」等老品牌也是生意旺盛。此外如豆花、月光餅、油飯、肉圓等也是大溪很受歡迎的傳統小吃。

大溪老街處處可見的豆干店。

認識老街

清朝繁榮一時的鹿港

台灣古語有「一府二鹿三艋舺」形容古台灣三大城市，由此可推知清朝時的鹿港是全台在台南之外最繁華的都市。鹿港在台灣中部，距離大陸海岸比較近，早期港口水深，在十八世紀中葉起的一百年間，海運貿易非常發達，街市繁榮，非常多因此致富的店號，也逐漸形成了今天所見的鹿港老街風貌。

鹿港八郊

鹿港八郊是八個在鹿港的同業聯合組織，包括泉郊金長順、廈郊金振順、布郊金振萬、糖郊金永興、敢郊金長興、油郊金洪福、染郊金合順、南郊金進益等。其中以二、三百家同業組成的泉郊實力最雄厚。

鹿港老街街景。

鹿港天后宮。

鹿港天后宮

鹿港老街有兩條

鹿港老街有古市街與五福大街兩條。清乾隆年間（十八世紀中葉）鹿港的市區在碼頭區，主要為埔頭街、瑤林街、大有街等，就是今天的古市街。古市街住商合一的店屋，多為閩南式的長條形木構街屋。乾隆年以後，古市街逐漸不夠使用，鹿港居民開始發展建造新的街市，進而以順興街、福興街、和興街、泰興街、長興街五條街組成了五福大街，也就是俗稱的「不見天街」，這是清朝當時最長的商業街道。在早年興盛時期，因為鹿港多雨，五福大街店家為方便客戶雨天自由進出買賣，每家商號都在店面前沿搭設遮雨棚，戶戶相連，就形成了不見天街的景觀。

古代同業的聯合組織—郊

郊是台灣古代同業的聯合組織，類似現在的商業同業公會，郊取名可以反映其同業性質，如與廈門港貿易的同業商號組織為廈郊，以糖為貿易商品的同業商號組織為糖郊、以布匹為貿易商品的同業商號組織為布郊等等。行則是組成郊的批發商，所以常統稱郊行。在早期，台灣的郊行財力雄厚、勢力龐大，有時比政府還有號召力。郊行經常出錢興學、建廟，在動亂的時候會召集壯丁維護治安。

鹿港龍山寺

日治時期鹿港龍山寺。

認識老街

貢寮草嶺古道

草嶺古道

歡迎莅臨

東北角管理處

認識古道

承載先民活動記錄的古道

台灣的古道是指生活在台灣土地上的先民，曾經用來移動的固定路線，古道不只記錄了先民的來往甚至交戰歷程，也承載著古代台灣歷史的活動記錄。

古道形成的原因

台灣的古道形成的原因大概有三種，一是早期原住民移動的道路；二是清朝漢人拓墾的道路；三是日治時代的警備道路。

早期原住民移動的道路

台灣的原住民早期以狩獵與農耕為生，各族群間為生活資源的利用與爭奪，無可避免的會在各地移動遷徙，明清以後漢人移民台灣，更迫使許多原住民遷離原有的生活領地，因為族群遷徙及狩獵活動，台灣的山區產生了許多有歷史的古道。

清朝漢人拓墾的道路

晚明以來，許多閩粵地區的漢人開始移民台灣，早期移民在西、北部的平原拓墾，水陸交通都還便利，但是西、北部平地資源逐漸飽和，開拓宜蘭、花東、甚至與原住民爭奪山地成為漢人拓墾的選擇，為進入這些原本沒有漢人足跡的地方，官民都投入不少心血開闢穿越山嶺谷間的道路。淡蘭古道及沈葆禎規劃的北中南三路越嶺道就是這樣產生的。

日治時代的警備道路

日本於日治明治二十九年（1896）開始統治台灣，為了有效掌控山區的原住民，訂立了理蕃計畫，在山區大量設立警察駐在所，並延續舊有的原住民與清朝古道，修築了14條山區警備道，做為駐在所的聯絡道路，這些山區警備道是目前遺留最多的古道種類。

台灣古道的保存狀況

台灣的古道的保存狀況有三種情形：

一種是古道已變成為公路或產業道路。由於新式道路的修築，使一些古道的原貌消失不見，僅有一小部分與公路不重疊的路段被保留下來，如北宜古道是北宜公路的前身、合歡越嶺古道是中部橫貫公路支線的前身等。

一種是古道成為登山步道。有一些保留在山區沒有開發成公路的越嶺古道或溪谷道路，重新整建成為登山健行的步道，因而吸引大量遊客來參訪，如八通關古道、魚路古道、草嶺古道、鳴鳳山古道。

一種是長久未用已經荒涼，只剩傳說或是少數登山隊知道的小徑。

日治時代的臨海路。

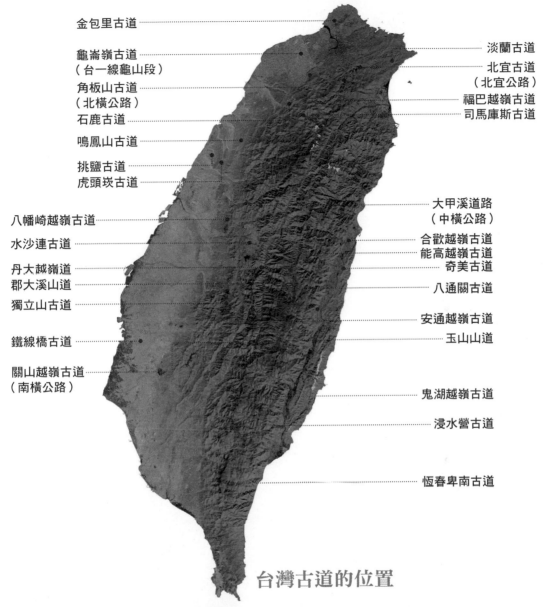

金包里古道

龜崙嶺古道
（台一線龜山段）

角板山古道
（北橫公路）

石鹿古道

鳴鳳山古道

挑鹽古道
虎頭崁古道

八幡崎越嶺古道

水沙連古道

丹大越嶺道
郡大溪山道

獨立山古道

鐵線橋古道

關山越嶺古道
（南橫公路）

淡蘭古道
北宜古道
（北宜公路）
福巴越嶺古道
司馬庫斯古道

大甲溪道路
（中橫公路）

合歡越嶺古道
能高越嶺古道
奇美古道

八通關古道

安通越嶺古道
玉山山道

鬼湖越嶺古道

浸水營古道

恆春卑南古道

台灣古道的位置

金包里大道（魚路古道）。

▋金包里大道（魚路古道）。

▋虎頭崁古道。

北台灣的古道

北台灣的古道中，漢人往來北部平原與金山或宜蘭之間的古道有淡蘭古道、金包里古道等。原住民早期在北部山區間的移動道路有福巴越嶺古道、司馬庫斯古道、喀霞羅古道等。日本人開闢的警備道有角板山三星越嶺道等。

淡蘭古道有三條路線

淡蘭古道清代淡水廳到噶瑪蘭廳的大道，有三條主要路線，一條是經東北海岸的三貂嶺線，二條是經坪林山區的山線。

草嶺古道

草嶺古道由貢寮翻越草嶺抵達宜蘭大里，全長約8.5公里，古道途中有古蹟「雄鎮蠻煙」及「虎字碑」，都是清同治年間台灣總兵劉明燈石碑墨寶。

三貂嶺線古道

經東北海岸的三貂嶺線淡蘭古道由台北經松山到暖暖，再經瑞芳、雙溪、貢寮抵達頭城進入宜蘭，是清嘉慶年間台灣知府楊廷理修建，目前尚保有三貂嶺古道（金字碑古道）、崙嶺古道和草嶺古道。

三貂嶺古道又叫金字碑古道

三貂嶺古道又叫金字碑古道，現存遺跡在新北瑞芳，由侯硐國小到三貂嶺大崙的北102號公路路口，全長大約5公里。 清同治年間，台灣總兵劉明燈由三貂嶺古道進入宜蘭途中，在三貂嶺岩壁上刻字題詩，並貼上金箔，後人稱此石碑為金字碑，因此叫金字碑古道。

瑞芳
三貂嶺古道
金字碑
澳底
福隆
貢寮
隆嶺古道
雄鎮蠻煙碑
草嶺古道
虎字碑
大澳
大里
頭城

■ 草嶺古道。

隆嶺古道

隆嶺古道由福隆的內隆林，翻越草嶺抵達石城里大澳，全程約4公里。隆嶺古道開發於清道光年間，是淡蘭古道中漢人最早開發的一段。

經坪林山區的山線淡蘭古道

淡蘭古道經坪林山區的山線有東、西兩條線。東線由古亭經深坑、石碇、頂雙溪，到達礁溪入宜蘭，又稱淡蘭便道。西線是由大坪林走山路，經大湖隘，抵達宜蘭東勢的溪洲，又稱北宜古道。

▌金包里古道。

金包里大路

金包里大路又稱魚路古道，建於清光緒年間，由士林經擎天崗抵達金山，當年金山漁民由這條古道運送漁貨到台北，返程再把日用品走原路帶回金山，是一條重要的產業路線，現在保留的古道路段自陽金公路八煙站起，途經擎天崗，到菁山路山豬湖為止，可以步行登山。

台灣總兵劉明燈

劉明燈，清咸豐年間武舉人，後來在左宗棠湘軍服役，因戰功升至台灣總兵，能文能武，書法卓越出眾。在台灣總兵任內開發古道，多次進入宜蘭，現今草嶺古道的古蹟雄鎮蠻煙碑、虎字碑、金字碑，都是劉明燈親筆墨寶。後來調任甘南提督直到丁憂解甲歸田。

▌草嶺古道虎字碑。

▌金包里古道圖。

認識古道

福巴越嶺古道（或稱巴福越嶺古道）

福巴越嶺古道由烏來福山經達觀山鞍部到桃園復興鄉巴陵，最早是泰雅族的獵徑，日治時代加以整理並在途中設置了駐在所管制原住民。目前為國家步道，全長17公里，起點是福山吊橋，終點是達觀山神木區。

▌福巴越嶺古道圖。

▌福巴越嶺古道。

司馬庫斯古道

司馬庫斯古道由新竹尖石鄉的新光部落經司馬庫斯部落到宜蘭大同鄉，途經高山湖泊鴛鴦湖，路程約有50公里。司馬庫斯古道是以前泰雅族人的狩獵路徑，現在也仍然是泰雅族人的活動地界，外界甚少進入。

▌福巴越嶺古道起點烏來。

▌司馬庫斯古道圖。

角板山三星越嶺道

角板山三星越嶺道是北橫公路的前身,由復興鄉的角板山到宜蘭三星鄉,全長約79.2公里。這條路是日治時代日本軍警為壓制管理泰雅族所建的警備道,沿途有三大鐵線橋:拉號鐵線橋、巴壟鐵線橋、塔曼溪鐵線橋(現已改建為復興橋、巴陵橋及大漢橋)。日本人在建成巴壟鐵線橋時在橋邊立了長約10公尺的紀念柱,現在仍然在巴陵橋邊。

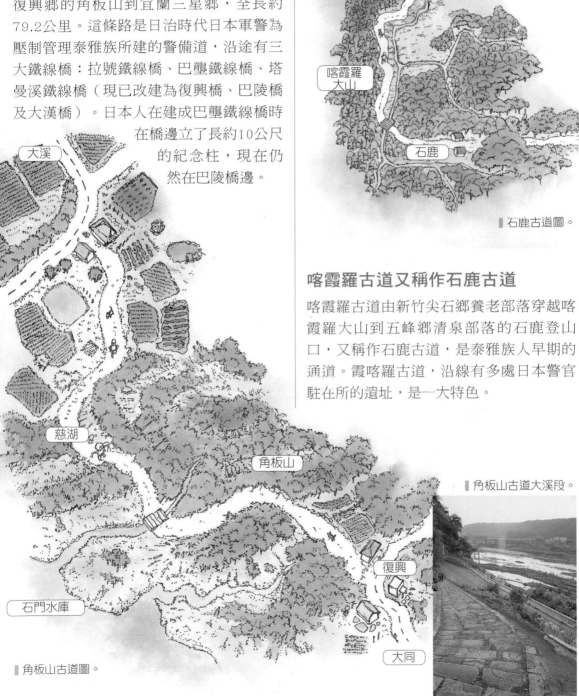

▌石鹿古道圖。

喀霞羅古道又稱作石鹿古道

喀霞羅古道由新竹尖石鄉養老部落穿越喀霞羅大山到五峰鄉清泉部落的石鹿登山口,又稱作石鹿古道,是泰雅族人早期的通道。霞喀羅古道,沿線有多處日本警官駐在所的遺址,是一大特色。

▌角板山古道大溪段。

▌角板山古道圖。

認識古道

中台灣的古道

中台灣的古道中，清代官方開築古道有八通關古道、挑鹽古道、虎頭崁古道道、丹大越嶺道。漢人拓墾時開闢的古道有水沙連古道、八幡崎越嶺古道。原住民早期在中部山區間的移動道路有苗栗鳴鳳古道、能高越嶺道、郡大溪山道、玉山山道、大甲溪道路。日本人開闢的警備道有八通關越嶺道。

八通關古道

八通關古道是台灣第一條橫貫東西的古道，八通關古道的開拓是因為清同治末年牡丹社事件後，清政府開始推行開山撫番政策，命總兵吳光亮帶領士兵開闢從南投到花蓮玉里的官道，沿途避開原住民生活區，沿山谷開闢可以運送物資及巡防的道路，這條從南投竹山經八通關大草原到花蓮玉里，全程150多公里，大部份在玉山國家公園範圍內，目前列為國定古蹟保護。

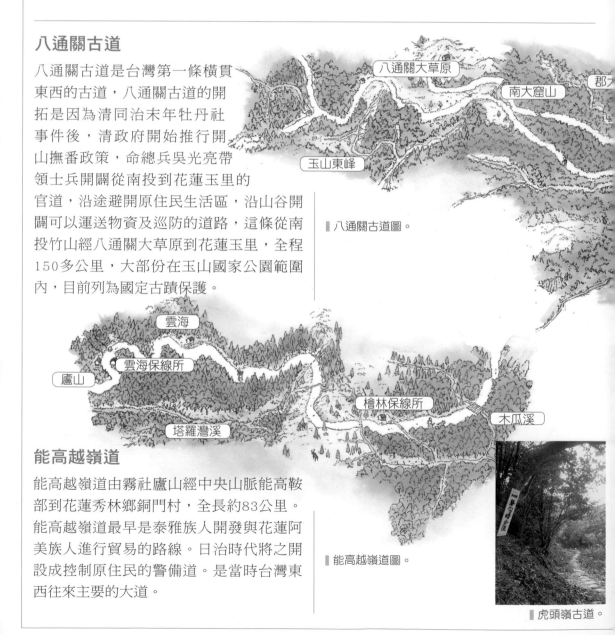

▌八通關古道圖。

▌能高越嶺道圖。

能高越嶺道

能高越嶺道由霧社廬山經中央山脈能高鞍部到花蓮秀林鄉銅門村，全長約83公里。能高越嶺道最早是泰雅族人開發與花蓮阿美族人進行貿易的路線。日治時代將之開設成控制原住民的警備道。是當時台灣東西往來主要的大道。

▌虎頭嶺古道。

苗栗鳴鳳古道

鳴鳳古道由頭屋鄉翻越鳴鳳山到獅潭鄉，是賽夏族早期的打獵路徑，目前由頭屋鄉鳴鳳村雲洞宮到獅潭鄉義民廟的古道全長約3公里，經整修後已成熱門的登山路線。

水沙連古道

水沙連古道有南北兩路，北路從南投草屯經國姓到到埔里，南路從集集經水里、魚池到埔里，這一帶原為泰雅族、邵族、布農族活動的地盤，但是清道光之後大量漢人循古道進出埔里移民開墾，是開發埔里的重要路線。

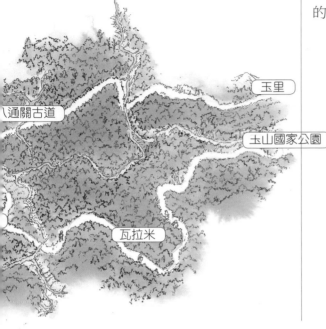

▌水沙連古道經過日月潭。

▌水沙連古道圖。

認識古道

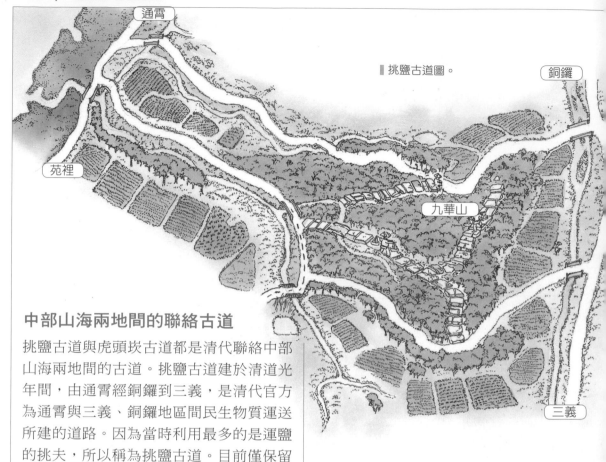

挑鹽古道圖。

中部山海兩地間的聯絡古道

挑鹽古道與虎頭崁古道都是清代聯絡中部山海兩地間的古道。挑鹽古道建於清道光年間，由通霄經銅鑼到三義，是清代官方為通霄與三義、銅鑼地區間民生物質運送所建的道路。因為當時利用最多的是運鹽的挑夫，所以稱為挑鹽古道。目前僅保留下來九華山到飛牛牧場這一小段。虎頭崁古道，南起大甲，越過虎頭嶺，抵達銅鑼，是銅鑼鄉到通霄、大甲、苑裡的商旅通道。建于清道光年間，與挑鹽古道是同一時代建造的平行道路。

八通關大草原。

八通關越嶺道圖。

八通關越嶺道

八通關越嶺道是日治時代警備道，由南投信義鄉穿越大水窟、八通關草原到達花蓮玉里，全程約125公里，是目前保存較完整的古道之一。

挑鹽古道圖。

日治時代的八通關戰備道。

玉山山道

玉山山道從阿里山經塔塔加鞍部，越過玉山主峰到達八通關，是早期鄒族、布農族的活動道路，日治時代執行理蕃政策，沿途修築成警備道，因為在玉山國家公園範圍內，是目前保留最完整的古道之一。

玉山山道圖。

認識古道

南台灣的古道

南台灣的古道中，清代官方開築古道有獨立山古道、崑崙坳古道、浸水營古道等。漢人拓墾時開闢的古道有水沙連古道、八幡崎越嶺古道等。原住民早期在南部山區間的移動道路有恆春卑南古道恆春、卑南古道等。日本人開闢的警備道有關山越嶺古道。

獨立山古道

獨立山古道建於清朝，是當時進出獨立山的唯一道路。獨立山古道從嘉義縣竹崎的松腳經樟腦寮、獨立山區、紅南坑到梅山大坪，是山區居民運送日常必需品的通道。日治時代為有效控制原住民，在獨立山開設了警備道路，為開發阿里山的木材而興建了阿里山鐵路，使得古道逐漸沒落，但目前已整理成獨立山國家步道，是登山休閒的好去處。

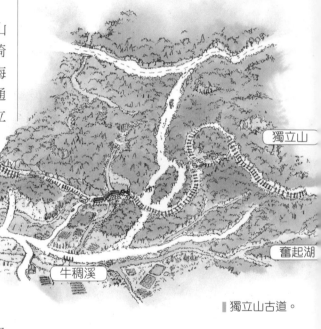

▌獨立山古道。

竹崎

獨立山

奮起湖

牛稠溪

崑崙坳古道

▌獨立山古道。

清同治年間發生牡丹社事件後，清朝決定在台灣開發北、中、南三條撫番道路。崑崙坳古道就是南段的撫番道路，由台灣府南路海防同知袁聞柝負責帶兵開闢而成。崑崙坳古道從鳳山起行，經屏東來義、台東金峰抵達太麻里。全程約105公里。古道原來是排灣族與卑南族姻親往來的山路，是少數原住民和漢人一起合作開發的官道。

台東

萬巒

來義

營盤遺址

營盤遺址

太平洋

▌崑崙坳古道。

姑子崙山

台東大武

枋寮

屏東玉泉村

大漢山

▌浸水營古道。

▌關山越嶺古道。

浸水營古道

浸水營古道又名三條崙古道，從屏東枋寮，途經玉泉村、再越過中央山脈抵達台東大武，全程約47公里。浸水營古道是清廷開山撫番的建設工程，日治時代，多次修建成為理番道路，在沿途設置了浸水營日警駐在所，駐在所遺跡目前仍然存在。

鬼湖越嶺古道

鬼湖越嶺道又稱知本越嶺道，從屏東三地門起行，途中經小鬼湖，再翻越知本主山道達台東知本。原本為魯凱族活動的路徑，日治時代為控制魯凱族活動，沿途開設了警備道路。

▌魯凱族聖山北太武山。

關山越嶺古道

關山越嶺古道日治時期的理蕃道路，由高雄六龜起，中途翻越關山嶺抵達台東關山，全長約170公里，目前的南橫公路，大致是沿著關山越嶺道路開設，目前關山越嶺仍保留約80公里的古步道，尤其梅山到埡口段保留最為完整，屬於玉山國家公園範圍，目前對外開放天池到中之關間的中之關古道。

恆春卑南古道

恆春卑南古道又名琅嶠卑南古道及阿朗壹古道，是光緒年間開築的古道，從屏東滿州起行經旭海抵達卑南。這條古道是早年是平埔族從屏東往來台東的牛車道，目前是台26公路的預定路線。

認識古道

東台灣的古道

東台灣的古道中，清代官方開築古道有蘇花古道、安通越嶺古道等。原住民早期在東部山區間的移動道路有合歡越嶺古道、奇美古道、磯崎越嶺古道等。

蘇花古道

蘇花古道是清朝時期在台灣開闢的三條主要古道的「北路」。是清光緒年間羅大春率領了綏遠軍及鄉勇完成的古道。蘇花古道起自蘇澳，經東澳、南澳到花蓮新城。古道目前已經保留不多，其中以崇德隧道南口至石硿仔的石硿仔步道保留的最完整。值得一提的是蘇花公路與與蘇花古道並非是同一路線，蘇花公路是日治時代修築的臨海路。

▌險峻的蘇花公路。

磯崎越嶺古道

磯崎越嶺古道由花蓮豐濱的磯崎起行，越過海岸山脈抵達鳳林的東富村。早期是阿美族人活動的路徑，也是連接花東縱谷與花東海岸的越嶺古道。

奇美古道

奇美古道是早期阿美族人到海邊的通道，從瑞穗，經奇美部落抵達豐濱的大港口，全長約25公里，現在的花64縣道瑞港公路就是沿著奇美古道建築的。也是連接花東縱谷與花東海岸的古道。

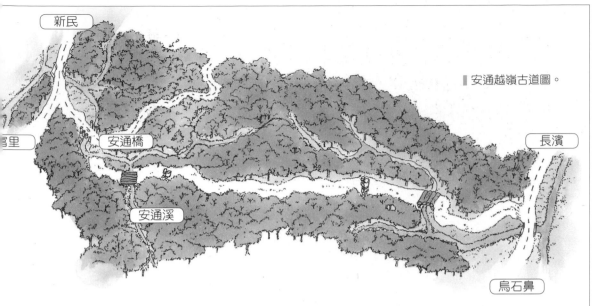

安通越嶺古道圖。

新民

安通橋

玉里

長濱

安通溪

烏石鼻

安通越嶺古道

安通越嶺古道的前身是清光緒年間提督吳光亮開闢東西向八通關古道後，在東部開設的一條由花蓮玉里到台東成功大道。目前的安通越嶺古道由台東長濱起到花蓮玉里為止，全長約13公里。安通越嶺古道為橫跨花東的第一條古道。

合歡越嶺古道

合歡越嶺古道最早是泰雅族的太魯閣人從南投山區往花蓮的移民道路。日治時期為管制太魯閣人，動工興建了這條合歡越嶺古道，從霧社起行，沿著濁水溪上游翻越合歡山，由大禹嶺溪下行抵達花蓮新城。現在沿路還有幾個當時的日警駐在所。目前保留較好的一段叫錐麓古道，是太魯閣國家公園的主要景點，錐麓古道全長約16公里，古道從慈母橋開始到燕子口上方的巴達崗，沿途可以還觀賞到壯觀的錐麓大斷崖。

合歡越嶺古道經過今天太魯閣國家公園。

認識古道

石門富貴角燈塔

認識燈塔

台閩地區燈塔位置圖

（西元年份數字是燈塔的創建年代）

富貴角燈塔1896
日本人在台灣興建第一座燈塔，有霧笛，原為八角形鐵架燈塔，後來改建成八角形黑白橫條相間的鋼筋混凝土燈塔。

野柳燈杆1967
鋼筋混凝土建造的燭台型燈塔。

基隆燈塔1899
圓形磚造外牆的鋼筋混凝土燈塔。

球子山燈塔1956
綠色的鋼筋混凝土燈塔。

鼻頭角燈塔1896
鋼筋混凝土建造的白色圓形燈塔。

三貂角燈塔1931
開放參觀的白色的圓形鋼筋混凝土燈塔，二戰時曾被炸毀後來重建。

淡水港燈塔1888
建築在淡水河口的鐵架式燈塔。

白沙岬燈塔1898
本島透鏡最大的燈塔，是白色的磚造圓形燈塔。

蘇澳燈塔1927
鋼筋混凝土建造的白色方形燈塔。

奇萊鼻燈塔1931
白色五角形的鋼筋混凝土燈塔，設有土地公廟。

花蓮港燈塔1910
白色方形的鐵架燈塔。

台中港燈塔1982
設在碼頭穀倉大樓上的白色燈塔。

高美燈塔1967
紅白橫條相間的八角形鋼筋混凝土燈塔，塔頂已經拆除停用。

芳苑燈塔1983
黑白直條相間的八角形鋼筋混凝土燈塔，少見的燈高低於塔高的燈塔。

塭港堆燈塔1914
方形鐵架燈塔，因為塔基地理條件不好曾多次整修重建。

國聖港燈塔1957
以鐵架建造的方形黑白相間色燈塔。

安平燈塔1891
白色方形鐵架燈塔。

高雄燈塔1883
白色磚造八角塔。

鵝鑾鼻燈塔1881
白色圓柱形鑄鐵燈塔，在清朝及日治時代曾有武裝保護。

彭佳嶼燈塔1906
底部六角形、塔身圓形的白色磚造燈塔。塔身周圍環繞維修上下的鐵圈。

基隆嶼燈塔1980
黑白直條相間的八角形鋼筋混凝土燈塔。

綠島燈塔1939
鋼筋混凝土建造的白色圓形燈塔。

蘭嶼燈塔1982
燈高216.5公尺，台灣燈高最高的白色的圓形鋼筋混凝土燈塔。

琉球嶼燈塔1929
鋼筋混凝土建造的白色圓形燈塔。

目斗嶼燈塔1899
塔高39.9公尺，台灣塔高最高的黑白橫條相間的圓形鑄鐵燈塔。

漁翁島燈塔1778
台灣創建最早的燈塔，是白色的圓形鑄鐵燈塔。

花嶼燈塔1939
鋼筋混凝土建造的白色圓形燈塔。

東吉嶼燈塔1911
黑白橫條相間的圓形鋼筋混凝土燈塔。

查母嶼燈塔1912
黑白直條相間的八角形磚造八角燈塔。

七美嶼燈塔1939
白色圓形的鋼筋混凝土露天式燈塔。

東引島燈塔1902
白色圓形的磚造燈塔。

東莒島燈塔1872
白色圓形的花崗石燈塔。

烏坵嶼燈塔1874
黑色圓形的混凝土燈塔，已經停止使用。

東椗島燈塔1871
黑色圓形的磚造燈塔。

北椗島燈塔1882
白色圓形的磚造燈塔。

▌鵝鑾鼻燈塔。

台閩地區
燈塔位置圖

東引島燈塔

東莒島燈塔

彭佳嶼燈塔　基隆燈塔

富貴角燈塔　　基隆嶼燈塔

淡水港燈塔　　　鼻頭角燈塔

白沙岬燈塔

野柳燈杆　球子山燈塔

三貂角燈塔

烏坵嶼燈塔

高美燈塔

蘇澳燈塔

台中港燈塔

北椗島燈塔

芳苑燈塔

奇萊鼻燈塔

椗島燈塔

花蓮港燈塔

目斗嶼燈塔

漁翁島燈塔

查母嶼燈塔

塭港堆燈塔

國聖港燈塔

七美嶼燈塔

東吉嶼燈塔

安平燈塔

綠島燈塔

高雄燈塔

琉球嶼燈塔

蘭嶼燈塔

鵝鑾鼻燈塔

燈塔的起源與歷史

船舶是往來海洋的重要交通工具，在導航設備不發達的年代，燈塔是船舶重要的指南，在驚濤駭浪或黑夜中的船舶，藉著燈塔的燈光，避開暗礁、找到港口、對正方向，燈塔在人類開拓海洋的歷史中，有不可磨滅的貢獻。

▌燈塔的亮光是船舶的指南。

燈塔的演進

西元年	演進歷程
1698年	英國李茅斯港的「艾迪史東木造燈塔」，用羊油發光，開始了燈塔用新燃料的歷史。
1716年	美國的「波士頓燈塔」，以鯨油及魚油為燃料。
1763年	英國人哈奇森發明碗狀的金屬反射集光板，將燈塔的光集結成光束，加強了燈塔發光的效能。
1780年	瑞士人阿剛發明煙囪玻璃罩單燈蕊油燈，將光學透鏡率使用在燈器上，改進了原來燈塔照射距離過短、光線微弱的缺點。
1822年	法國人佛萊斯納發明稜鏡折射透鏡，加強燈塔的亮度。後來，其他人改良為固定式多向折光透鏡，並設置順時針水平旋轉設備，使燈塔可以多向照射。
1840年	阿剛再利用油桶加壓原理把油注入燈蕊中，完成了機械化油燈設計。19世紀中期以後，可增加燈塔燈光亮度與距離的煤氣燈、石油燈、白熱燈、電弧燈等陸續問世。
十九世紀末期	可閃光、明滅的燈器及不同等級的透鏡陸續成為燈塔的燈具，現代化的燈塔已然成型。

清朝時期興建的燈塔

清同治八年（1869）清朝聘請英國人韓得善為燈塔工程師， 哈爾定（John Ropinald），前後監造了34座燈塔，啟動了中國現代燈塔的建築。清同治十三年（1874），韓得善把清乾隆四十三年（1778）建造的澎湖油燈塔改建為西式的圓頂燈塔，成為現今存在的西嶼燈塔，自此開始了台灣燈塔的建造。在清朝時期，台灣本島陸續建立了鵝鑾鼻燈塔、高雄燈塔、淡水港燈塔及安平燈塔等。

日治時期興建的燈塔

日本統治台灣時期，為開發台灣的海洋資源，維護船舶安全，自日治明治二十九年（1896）起，陸續建造了富貴角燈塔、鼻頭角燈塔、白沙岬燈塔、基隆燈塔、目斗嶼燈塔，彭佳嶼燈塔、花蓮港燈塔、東吉嶼燈塔、查某嶼燈塔、塭港堆燈塔、仙洞燈杆、蘇澳燈塔、琉球嶼燈塔、奇萊鼻燈塔、三貂角燈塔、花嶼燈塔、七美嶼燈塔及綠島燈塔等。

┃東北角海岸鼻頭角燈塔。

台灣光復後興建的燈塔

台灣光復後，燈塔歸財政部海關管理，自民國四十五年起又陸續增建了球子山燈塔、國聖港燈塔、野柳燈桿、高美燈塔、基隆嶼燈塔、蘭嶼燈塔、台中港燈塔及芳苑燈塔等。

┃台灣光復後燈塔歸海關管理。

┃高雄燈塔。

認識燈塔

照亮遠方海面的燈塔佈局

燈塔是在巨高的塔頂上裝置能照亮遠方海面的聚光燈，以輔助船舶航行的安全。因此，燈塔最主要的結構就是巨高的塔身及聚光的燈器，其次還有一些輔助航海功能的設施，如風向儀、霧笛等。

塔身與塔高

燈塔的高度有塔高、燈高兩種度量，塔高是由燈塔塔基的岩盤到頂端上風向儀的高度。燈高是指高潮時海平面到燈火中心點的高度。所以基址較高的燈塔塔身就相對不用太高，但基址較低的燈塔，塔身及燈室就要相對提高很多，台灣最高的目斗嶼燈塔，因為建在海拔十四公尺以下的平面上，所以塔身高達39公尺。

風向儀

方向標

頂蓋

玻璃帷幕

燈

修護平台

因地形因素離海岸較遠的白沙岬燈塔。

風向儀與方向標

燈塔在塔頂都會加裝風向儀與方向標，方向標有的標示東南西北的中文，有的標示E、S、W、N的英文，以風向儀的指標對照方向標的位置就能隨時測定風向的變化。一般在風向儀與方向標的上面還有避雷針。

燈塔建在靠近海岸的視野遼闊處。

塔頂

塔頂是燈塔的光源基地，主要配備有玻璃帷幕、燈室及頂蓋。玻璃帷幕主要作用在白天保護燈具不致因強烈日照而燒毀，燈室及頂蓋主要作用在保護燈具不致被海水潮氣侵蝕。一般在塔頂外圍會建有修護平台，方便人員上下維修。

霧笛與霧砲

在大霧彌漫能見度不高的海上，燈塔會失去指引的作用，霧笛與沒有殺傷力的霧砲，就會代替燈塔功能，鳴笛或射擊發聲，以聲音導引船隻辨別陸地的距離和方向。

霧笛

霧砲

燈塔的佈局

塔高不高的高雄燈塔建在地勢高的山上。

燈塔的形式

燈塔根據地形、建材條件、氣候等因素會產生不同的形式，在塔頂、顏色、建材上有各種變化。

燈塔的塔頂形式

塔頂是燈塔的光源基地，主要配備有玻璃帷幕、燈室及頂蓋。塔頂設計要顧及防銹、通風、散熱等功能。常見的塔頂形式有：斜格型、變化型、格字型、V字型、菱格型、長方格型。

燈塔的頂蓋形式

燈塔頂蓋多半是銅金屬製成的，以避免海水鹽分的侵蝕。頂蓋的形式主要有三種：扇形頂蓋、圓拱形頂蓋及圓錐形頂蓋。

傘形頂蓋。

圓拱形頂蓋。

圓錐形頂蓋。

鼻頭角燈塔

燈塔是船舶黑夜裡的明光。

燈器的構造

燈器是燈塔發光的關鍵，由發光物、透鏡、閃光機及透鏡迴轉機構成。

雙蕊煤油燈。

白熱燈。

發光物

發光物是燈塔用以發光的材料或器具，從早期的木材、動物油到現代的電燈都是。台灣燈塔曾經使用過的發光物有燈蕊油燈、白熱燈、電石氣閃光燈、白熱乙炔燈、電燈等。目前以交流電源的白熾燈泡的燈塔最多。

透鏡

透鏡是燈器上的光束投影裝置，有反射鏡及凸透鏡兩種。透鏡的直徑及焦距長短決定了燈光射程的遠近。以透鏡的直徑計算，可分為特等燈、一等燈等10個等級。台灣地區的燈塔沒有特等燈，以彭佳嶼燈塔的一等燈最大。

閃光機

閃光機是使燈光產生明滅規律變化的機具，通常用在中小型的燈器上。

透鏡迴轉機

透鏡迴轉機可以使透鏡定時迴轉而射出不同的光線。

斜格型

格字型

V字型

菱格型

長方格型

變化型

燈塔塔頂的形式

認識燈塔

燈塔的建材

燈塔的建材有石造、磚造、鐵鑄造、鐵架造、鋼筋混凝土造、木造等6種。早期的燈塔多為石造或磚造，近來多改為鋼筋混凝土造因較易疊架，所以可以不受地形限制蓋得比較高。

石造燈塔

早期的燈塔建材多半就地取材，以當地取得石塊建造，石造的燈塔有抗海風、耐鹽蝕的優點。因為建造費工，所以石造燈塔都不高。目前現存的石造燈塔有東莒島燈塔及烏坵嶼燈塔。

石造的東莒燈塔。

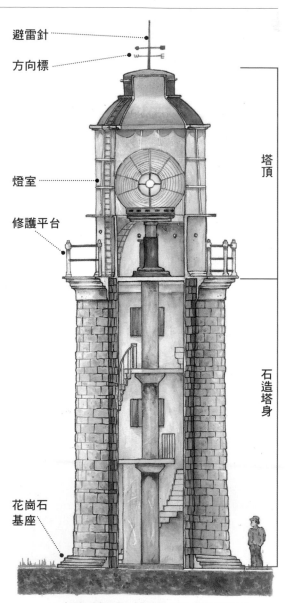

避雷針

方向標

燈室

修護平台

塔頂

石造塔身

花崗石基座

石造的東莒燈塔剖面圖

磚造燈塔

日治時代台灣建造的燈塔，多以磚塊為建材，磚塊因為較為輕小，所以可以建築多變化的流線型造型。磚造的燈身，塔身以八角形與圓形居多。台灣現存的八角形磚造燈塔有查母嶼燈塔及高雄燈塔，台灣現存的圓形磚造燈塔則有、基隆燈塔白沙岬燈塔、東引燈塔、東椗島燈塔、北椗島燈塔及彭佳嶼燈塔。

高雄燈塔。

磚造的東引燈塔。

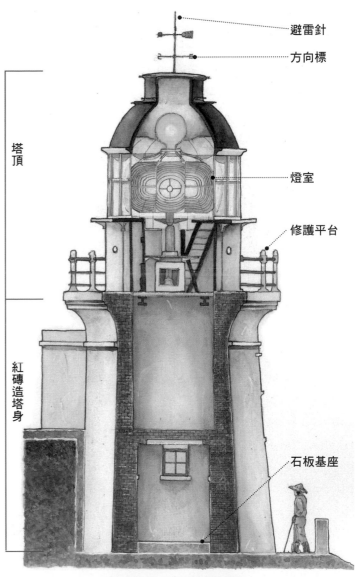

避雷針

方向標

燈室

修護平台

塔頂

紅磚造塔身

石板基座

磚造的東引燈塔

認識燈塔

目斗嶼燈塔。

鵝鑾鼻燈塔。

鑄鐵造燈塔

鑄鐵造燈塔使用初煉的生鐵為建材，耐蝕、搬運方便、容易銲接。施工時常鑄造成組件後，再運往燈塔現場組合施工，但製作費用較高，目前已經很少使用作為燈塔建材。鑄鐵造燈塔有清朝時建造的漁翁島燈塔、鵝鑾鼻燈塔，及日治時建造的目斗嶼燈塔。

三貂角燈塔。

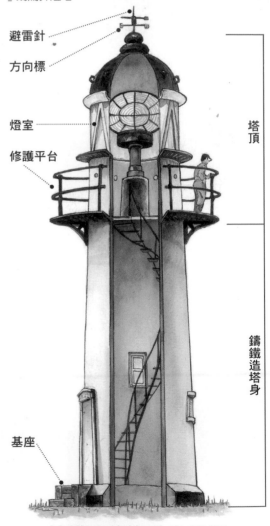

避雷針

方向標

燈室

修護平台

塔頂

鑄鐵造塔身

基座

鑄鐵造的漁翁島燈塔

鐵架燈塔

早期在塔基較小的地方會以鐵架建造燈塔，鐵架燈塔有抗強風、施工期短、成本低廉等優點，但容易受鹽分侵蝕、壽命較短。現在已逐漸被鋼材取代。現存的鐵架燈塔有花蓮港燈塔、淡水港燈塔及安平燈塔等。

國聖港燈塔。

安平燈塔夕照。

鋼筋混凝土燈塔

鋼筋混凝上燈塔是近代主要的燈塔建材，是用預拌混凝土灌漿建造，具有堅固及造型多樣化的優點。 近代整修或新建的蘇澳燈塔、琉球嶼燈塔、富貴角燈塔、蘭嶼燈塔等十幾座燈塔都是鋼筋混凝土建造。

塔身的顏色

燈塔要讓遠方的船隻能清楚辨別方向，測算距離，因此塔身會根據地形、氣候特性設計不同的顏色。燈塔塔身主要常見的顏色是白色和黑白相間的顏色，但少數燈塔也有其他顏色的。為能清楚辨識方位，一般鄰近的燈塔會漆上不同的顏色。

白色的燈塔

白色是早期燈塔主要的顏色，過去多半是用白石灰當作塗料，現在染料進步，含鋅的漆已經取代石灰為主要的塗料。

鵝鑾鼻燈塔。

黑白相間的燈塔

在經常起霧的海域，白色的燈塔，在白天不易被遠方船隻看見，因此漆成黑白相間的顏色，以方便遠方船隻辨識，台灣較知名的黑白相間色燈塔有富貴角燈塔及目斗嶼燈塔。

彰化王功燈塔。

有防衛功能的鵝鑾鼻燈塔

鵝鑾鼻燈塔建成於清光緒九年（1883），當初是一個有武裝能力的燈塔，光力為180萬燭光，是目前台灣光力最強的燈塔，也是台灣本島最南端的國定古蹟。

鵝鑾鼻燈塔的建築始末

清同治年間發生羅發號事件，一艘美國商船在鵝鑾鼻外海觸礁沈沒，船長夫婦和船員游泳登岸後，被原住民俘虜殺害。不久後一批琉球漁民也在鵝鑾鼻一帶遇難，引發牡丹社事件，美國和日本因此要求清廷在鵝鑾鼻設置燈塔。清光緒元年（1875）清政府委託英國人向原住民購買燈塔用地建塔，於清光緒七年（1881）動工，清光緒九年（1883）完成。

全世界少見的武裝燈塔

鵝鑾鼻燈塔建塔時，建塔基地附近都是原住民的地域，為防止原住民干擾，在興建時，清廷調派了五百名兵力守衛。燈塔的外圍有一道白色圍牆，圍牆外有壕溝，圍牆周圍滿佈防衛的槍眼，塔區屋頂都是集水區，下雨時把雨水以水管集流到地下的花崗石蓄水池，用水可以自給自足。

▌鵝鑾鼻燈塔全景。

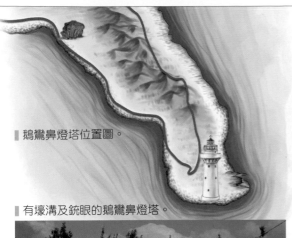

▌鵝鑾鼻燈塔位置圖。

▌有壕溝及銃眼的鵝鑾鼻燈塔。

早期鵝鑾鼻燈塔的配置

鵝鑾鼻燈塔自高潮面到燈火中心的燈高度56公尺，早期燈塔內共有五層，第一層儲放煤油，第二層及第四層是放置槍砲的陣地，第三層是生活休息室，第五層則為燈塔的光源，最早期是以汽油燈發光，經反光鏡反射後，亮度為6500燭光，光距可達10浬（18公里多）。

鵝鑾鼻燈塔的規格

鵝鑾鼻燈塔塔高21公尺，燈高56公尺，白色塔身，燈頂有外環陽台，燈器是大型四等旋轉透鏡電燈，每10秒閃1次白光，光力為180萬燭光，照射距離達27浬（約50公里），是目前台灣光力最強的燈塔。

曾經因戰爭毀損二次

清光緒二十一年（1895）甲午戰爭後，清軍在離開台灣前摧毀了鵝鑾鼻燈塔。三年後日本人把燈塔整修完成，二次大戰時燈塔又遭盟軍空襲毀損。台灣光復後，鵝鑾鼻燈塔於民國五十一年重建。

▌全白色的鵝鑾鼻燈塔。

認識燈塔

列為古蹟的燈塔建築

台閩地區的燈塔有東湧燈塔、東犬燈塔、西嶼燈塔、白沙岬燈塔及高雄燈塔等五處被列為古蹟保護。此外，鵝鑾鼻燈塔是唯一的燈塔類歷史建築。

東湧燈塔又名東引島燈塔

東湧燈塔白色圓筒形磚造燈塔，位在福建省連江縣東引島的山坡上，是目前公告古蹟中距離台灣本島最遠的。東湧燈塔始建於清光緒二十八年（1902），於清光緒三十年（1904）完工，距今超過100年。燈塔塔身高14.2公尺，是造形典雅的歐式建築，被當地居民稱為東引別墅。東湧燈塔雖然設有霧砲兩尊，但是目前以霧笛取代霧砲做為助航之用。

東莒燈塔地圖。

東犬燈塔

東犬燈塔位於福建省連江縣東莒島的東犬山上，創建於清同治十一年（1872年），是船舶進出福州馬尾的主要航標。東犬燈塔是花崗岩建造，牆厚將近一公尺，燈塔可以發出二萬九千燭光的光力，光程可達到30公里以上。東莒燈塔在連通燈塔與辦公室的草地上，有一道30公尺長的白色矮牆，這道防風牆可以在強烈海風吹襲時，讓工作人員避風而過，保護手中的煤油燈不致被吹熄。

東引燈塔地圖。

高雄燈塔。

西嶼燈塔又名漁翁島燈塔

西嶼燈塔位於澎湖群島的西嶼（漁翁島）外垵高地上。西嶼燈塔原為清乾隆四十三年（1778）蓋的七級石塔，塔上每晚燃點燈火，作為台廈間船舶航行之指南。燈塔內現存有西嶼塔燈碑記，記載當初建塔始末。現存燈塔為清同治十三年（1874年）改建的新式洋樓燈塔。西嶼燈塔為白色圓形鐵造燈塔，塔頂有環繞陽台，配置有3座鑄鐵霧炮、2座霧笛。燈塔配備4等旋轉透鏡電燈，光力達80萬支燭光，光程為25.1浬。

▌西嶼燈塔。

白沙岬燈塔

位於桃園縣觀音鄉的白沙岬燈塔是日治時代建造的燈塔，籌建於日治明治二十九年（1896），完成於日治明治三十四年（1901），至今已有百年以上的歷史，是北台灣最早的燈塔之一。白沙岬燈塔是少數以取自台灣本土的紅磚及石材建造的燈塔，但燈塔的燈具、稜鏡乃由法國進口。白沙岬燈塔為塔高37公尺的白色燈塔，是桃園海岸的一大美景。

高雄燈塔

高雄燈塔又稱旗後燈塔、旗津燈塔，原為清光緒九年（1883）興建的中式紅磚燈塔，在高雄港邊的旗後山上，舊燈塔的基座在現今燈塔的北邊。日治大正五年（1916），日人為擴建高雄港重建燈塔，於日治大正七年（1918）完工。高雄燈塔為白色八角形磚塔，有圓筒形塔頂，底層是巴洛克式建築的辦公區域，燈塔前方的草坪上有一座日晷儀。燈塔目前設有新式四等旋轉透鏡電燈，光力增為八十五萬支燭光，光程約25浬。高雄燈塔塔高只有15.2公尺，但是因為建在山上，燈高有58.2公尺（以高潮面至燈火中心計），是照亮高雄港進出船舶的標誌。

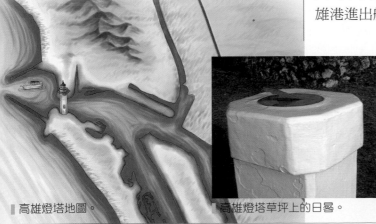

▌高雄燈塔地圖。

▌高雄燈塔草坪上的日晷。

▌高雄燈塔舊燈塔的基座。

三義龍騰斷橋

認識古橋與古井

台灣的古橋

在許多條河流阻斷南北交通的台灣，橋樑自古就是重要的交通設施，從山間小溪的石板橋，到鐵路可以跨行的桁架橋，古橋在台灣歷史的發展上有著不可磨滅的貢獻。台灣的古橋依建築方式大致分成石板橋、紅磚橋、糯米橋、洗石子橋、吊橋與桁架橋六種。

橋面不長的石板橋

石板橋是用幾個完整的石塊當橋板，搭建在溪流旁邊的石塊上的橋，一般的石板橋都不長。在宜蘭冬山的永安石板橋以四座橋墩架設五段石板橋面，是目前保留下來較長的古橋。

紅磚橋多為拱形橋

日治時期台灣興起許多燒製紅磚的磚窯，這時期間有很多的橋是用紅磚建造的。紅磚橋大多為以紅糖漿、灰石當作接合的黏劑，用紅磚砌成的拱形橋。目前最有名的紅磚橋古蹟是三義的龍騰斷橋及龍潭的太平紅橋。

▌新竹關西東安橋。

▌鳳山東福橋船形石橋墩古蹟。

▌三義龍騰斷橋。

石塊作為建材的糯米橋

糯米橋是台灣在日治時期另一種主要的橋梁，糯米橋以方形石塊作為建材，再用糯米、紅糖、泥土混合當作接合黏劑，建成拱形的橋。國姓的糯米橋及新竹的東安橋都是糯米橋的代表。

▌宜蘭冬山的永安石板橋。

暗灰色的洗石子橋

出現在日治時代的中期的洗石子橋，以水泥建造搭配暗灰色的洗石子裝飾，是具有日治時代建築風味的橋。最有名的洗石子橋是橫跨三峽溪的三峽拱橋。

▌洗石子橋。

認識古橋與古井

日治時期霧社濁水溪上吊橋。

日治時期阿里山鐵道木橋。

以高塔式橋墩支撐的吊橋

吊橋是在橋的兩側建高塔式橋墩，高塔向橋的一面以大懸索和垂直鋼索拉住橋面，另一面用大懸索固定在橋岸上，使橋面的力量傳導到高塔垂直而下。桃園復興鄉的溪口吊橋是其中保存較好的古橋代表。

可以載重的桁架橋

桁架橋是利用大量的短距離建材，以三角形架構組成多組承受橋面力量的幾何結構，用以分散橋面的載重，可以加大橋的跨距。高雄大樹的下淡水溪鐵橋、雲林西螺的濁水溪鐵橋都是經典的桁架橋古蹟。

武陵吊橋。

國定古蹟下淡水溪鐵橋

下淡水溪是高屏溪的舊稱，全長171公里，是台灣第二大河川。日治大正二年（1913）年，在下淡水溪建設了火車通行的下淡水溪鐵橋，使高雄、屏東間的交通向前邁進一大步。下淡水溪鐵橋全長1,526公尺，是單線通行的鐵道，上部結構以圓弧鋼桁架為主體；橋樑下部結構橋台由混凝土建成，外圍砌清水磚；橋墩為沉箱基礎做成的橢圓形弧面墩體。全橋共有24個橋孔，當時是亞洲的第一長橋，也為高雄與屏東之間糖業及重要物資運輸的交通要道。

▌下淡水溪鐵橋鐵道。

▌下淡水溪鐵橋橋墩。

▌下淡水溪鐵橋。

認識古橋與古井

見證三百年台灣開發的古井

明清時代荷蘭人佔據台灣殖民及漢人進入台灣拓墾，水利資源是很重要的發展條件，水圳和水井就成為當時主要的灌溉和民生用水水源。目前台灣還有幾座百年以上的古井遺蹟可以見證歷史的發展軌跡。

台灣現存的古井

台灣目前保存下來的知名古井有：台中貓霧棟井、南庄永昌宮廟坪前古井、八卦山紅毛井、嘉義紅毛井、台南延平街古井、台南烏鬼井、澎湖四眼井、澎湖萬軍井及光復鄉北富村富田古井等，此外在幾個古蹟的現場也有一些早年的古井遺蹟，如台南赤崁樓、安平古堡、大天后宮以及佳冬蕭家古厝、大溪李騰芳古厝、蘆洲李宅等古蹟都有古井的遺蹟。

佳冬蕭家古宅建在廚房裡的古井。

大溪李騰芳古宅的古井。

蘆洲李宅的古井。

澎湖四眼井。

井口寬大的澎湖四眼井

四眼井是澎湖馬公最古老的水井,建於西元1592年左右,距今超過四百年,井口直徑約二公尺。因井口寬大,設有四個圓形的汲水口以防意外,因此名為四眼井。

施琅向天祈水的萬軍井

萬軍井位於馬公市中央街天后宮旁邊、施公祠的前面,又名媽宮大井或師泉井,傳說康熙年間,施琅打敗鄭軍攻下澎湖駐營,因大軍飲用水不足,施琅向神明祈禱後此井湧出大量泉水供萬軍飲用,所以取名萬軍井。

認識 古橋與古井

南庄永昌宮廟坪前古井

南庄永昌宮廟坪前古井興建於西元1895年左右，以滾輪方式汲水，是早年提供南庄居民生活用水的主要來源，日治時代末期封閉使用，直到民國九十七年才因施工整地而重見天日。

與福德祠相伴的八卦山紅毛井

八卦山紅毛井位於彰化古城的東門外，傳說是荷蘭人開鑿的井所以稱紅毛井。

當地居民在紅毛井旁設立一座小的福德祠，至今仍有居民用井水洗滌衣物。

▋彰化紅毛井。

古諸羅八景之一的嘉義紅毛井

嘉義紅毛井位於嘉義市蘭井街上，是荷蘭人於西元1636年建造的古井，是古諸羅八景之一，目前古井仍在但是以鐵柵封口以維護安全。

孵育豆芽菜而出名的延平街古井

台南延平街古井約建於150年前，日治時代因自來水的使用而失去飲用水功能，但附近居民利用井水孵育豆芽菜而擁有盛名，所以又稱「豆菜芽仔井」。目前古井以鐵欄杆維護安全，井水清澈見底。

台南大天后宮古井。

安平古堡裡的古井。

赤崁樓裡的古井。

黑奴開鑿的台南烏鬼井

台南烏鬼井在今台南自強街，是明末荷蘭人用黑奴開鑿的井，所以稱為烏鬼井。烏鬼井原是以木構井，乾隆年間改為磚砌。目前有石板蓋住井口，無法窺見井內面貌。除烏鬼井外，台南大天后宮廟後有「龍目井」，安平古堡裏有南壁古井也是明鄭時代遺物。

平埔族的台中貓霧棟井

貓霧棟井為目前少見之平埔族建築，位在現今嶺東技術學院旁的學林托兒所內，是三、四百年前平埔族人用手工挖掘、石頭建造的圓形水井，目前保存良好，仍然有水。

原住民太巴塱部落的富田古井

位於光復鄉北富村富田古井約建於日治大正五年（1916），是太巴塱部落八人古井之一，以石頭混合糯米砌造而成，原來已廢棄不用，但民國八十八年富田村阿美族人發起修復，設為古蹟保存。

金山老街的古井。

認識古橋與古井

附錄：本書古蹟、歷史建築資訊

THE ILLUSTRAED ENCYCLOPEDIA OF CULTURAL HERITAGE

一看就懂 古蹟建築

推　　薦　陳國川、陳豐祥（依姓名筆劃排序）
編　　著　遠足地理百科編輯組
編輯顧問　呂學正
特約主編　楊中介
執行編輯　張怡雯
特約美編　黃鈺涵
封面設計　汪熙陵
資深主編　賴虹伶
執 行 長　陳蕙慧
行　　銷　陳雅雯、余一霞、林芳如、趙鴻祐

社　　長　郭重興
發 行 人　曾大福
出 版 者　遠足文化事業股份有限公司
　　　　　地址：231新北市新店區民權路108-2號9樓
　　　　　電話：(02)22181417
　　　　　傳真：(02)22180727
　　　　　E-mail：service@sinobooks.com.tw
郵撥帳號　19504465
客服專線　0800221029
部 落 格　http://777walkers.blogspot.com/
網　　址　http://www.sinobooks.com.tw
法律顧問　華洋國際專利商標事務所　蘇文生律師
印　　製　呈靖彩藝有限公司

定　　價　399元
三版一刷　2018年05月
三版十刷　2023年04月

ISBN　978-957-8630-41-3
©2018 Walkers Cultural Print in Taiwan

國家圖書館出版品預行編目(CIP)資料

一看就懂古蹟建築 / 遠足地理百科編輯組作.
-- 三版. -- 新北市：遠足文化, 2018.05
　　面；　　公分
新裝珍藏版
ISBN 978-957-8630-41-3(平裝)

1.古蹟　2.臺灣

733.6　　　　　　　　　　　107006452

參考書目

王一婷（2005）《台灣的古道》。遠足文化
王奕期等（2005）《台灣的古蹟─南台灣》。遠足文化
陳仕賢（2006）《台灣的媽祖廟》。遠足文化
李鎮岩（2008）《台灣的書院》。遠足文化
張運宗（2008）《台灣的園林宅第》。遠足文化
陳仕賢（2007）《台灣的古墓》。遠足文化
曾國棟（2006）《台灣的碑碣》。遠足文化
戴震宇（2004）《台灣的城門與砲台》。遠足文化
張志遠（2009）《台灣的古城》。遠足文化
黃沼元（2007）《台灣的老街》。遠足文化
李素芳（2007）《台灣的燈塔》。遠足文化
余炳盛（2007）《台灣的橋樑》。遠足文化
張文福（2003）《台灣的地下水》。遠足文化
李泰昌等（2009）《台灣的古蹟─北台灣》。遠足文化
李乾朗（2003）《台灣古建築圖解事典》。遠流出版
遠足文化（2009）《歡喜客家節》。行政院客家委員會、遠足文化
遠足文化（2007）《過新年‧迎新丁》。行政院客家委員會、遠足文化

圖片來源

照片：本書照片除另有標註者外，均由戴震宇、張運宗、楊中介、廖俊彥、呂行、遠足文化資料中心提供。
陳仕賢（P22、23、28、94、95）、李鎮岩（P36、42、43、44、45）、張志遠（P121、131、133）、劉超驊（P66、70、71、87）、吳明宏（P145）、曾雍甯（P204）、黃清榮（P208）、陳哲民（P219）、吳志學（P220）
插畫：遠足文化資料中心（繪者包括王顧明、王佩娟、金炫辰、李旭彬、吳淑惠、柯怡綸、蔡芸香、謝文瑰等）、行政院客家委員會（P61）

特別聲明：
有關本書中的言論內容,不代表本公司/出版集團之立場與意見,文責由作者自行承擔